·学习丛书·

青年学者共论国家治理

北京大学习近平新时代中国特色社会主义思想研究院 编

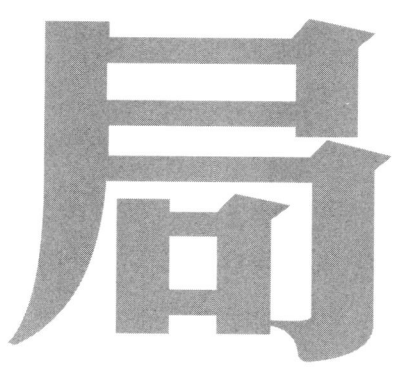

中央编译出版社

CCTP　Central Compilation & Translation Press

图书在版编目（CIP）数据

新局：青年学者共论国家治理 / 北京大学习近平新时代中国特色社会主义思想研究院编. -- 北京：中央编译出版社，2024.9. -- ISBN 978-7-5117-4762-4

Ⅰ. D630.1

中国国家版本馆 CIP 数据核字第 2024JV6057 号

新局：青年学者共论国家治理

出版统筹	潘　鹏
责任编辑	李小燕
责任印制	李　颖
出版发行	中央编译出版社
地　　址	北京市海淀区北四环西路 69 号（100080）
电　　话	（010）55627391（总编室）　（010）55627301（编辑室） （010）55627320（发行部）　（010）55627377（新技术部）
经　　销	全国新华书店
印　　刷	北京文昌阁彩色印刷有限责任公司
开　　本	880 毫米 × 1230 毫米　1/32
字　　数	196 千字
印　　张	11.75
版　　次	2024 年 9 月第 1 版
印　　次	2024 年 9 月第 1 次印刷
定　　价	68.00 元

新浪微博：@中央编译出版社　　微　　信：中央编译出版社（ID：cctphome）

淘宝店铺：中央编译出版社直销店（http://shop108367160.taobao.com）（010）55627331

本社常年法律顾问：北京市吴栾赵阎律师事务所律师　闫军　梁勤

目　录

序　言

深入研究阐释习近平新时代
中国特色社会主义思想

北京大学习近平新时代中国特色社会主义思想研究院
理事长　郝　平　龚旗煌

　　一个民族要走在时代前列，就一刻不能没有理论思维，一刻不能没有正确思想指引。党的十八大以来，中国特色社会主义进入新时代，以习近平同志为主要代表的中国共产党人，坚持把马克思主义基本原理同中国具体实际相结合、同中华优秀传统文化相结合，创立了习近平新时代中国特色社会主义思想。习近平新时代中国特色社会主义思想是当代中国马克思主义、二十一世纪马克思主义，是中华文化和中国精神的时代精华，是党和人民长期实践经验和集体智慧的结晶，是全党全国各族人民为实现中华民族伟大复兴而奋斗的行动指南。

"大学是一个研究学问、探索真理的地方"。作为中国第一所现代教育机构，北京大学是中国最早传播马克思主义和民主科学思想的发祥地，"北大是常为新的，改进的运动的先锋，要使中国向着好的，往上的道路走"。在革命、建设、改革等各个时期，北京大学始终与祖国和人民共命运，与时代和社会同前进。高校要走在教育改革的前列，北京大学应该走在全国高校的前列，这是党和人民对北京大学的要求，也是我们的责任与使命。

2014 年 5 月 4 日，习近平总书记视察北京大学并发表重要讲话，深刻阐释了"大学之道"，勉励我们立足中国大地办世界一流大学。古人说："大学之道，在明明德，在亲民，在止于至善。"其中蕴含着中华文明绵延数千年的独特价值体系，这一价值体系就是我们所要立足的大地。习近平总书记深刻指出："一个民族、一个国家的核心价值观必须同这个民族、这个国家的历史文化相契合，同这个民族、这个国家的人民正在进行的奋斗相结合，同这个民族、这个国家需要解决的时代问题相适应。世界上没有两片完全相同的树叶。"这就要求我们赓续五千年灿烂文明，使我们的工作服务于中华民族复兴伟业，努力破解当今中国与世界的重大问题。

习近平总书记的教诲，饱含着对北京大学师生的亲切关怀与殷切期望。

2016 年 5 月 17 日，习近平总书记在哲学社会科学工作座谈会上提出要继承和弘扬中华优秀传统文化精华，坚持马克思主义为指导，创新哲学社会科学，建立系统性、专业性的学科体系、学术体系、话语体系，明确了加快构建中国特色哲学社会科学的总方针。

党的十八大以来，北京大学把深入研究阐释习近平新时代中国特色社会主义思想作为一切工作，包括构建中国特色哲学社会科学的根本指南，围绕习近平新时代中国特色社会主义思想理论体系，特别是习近平经济思想、习近平法治思想、习近平外交思想、习近平生态文明思想、习近平强军思想、习近平文化思想以及中国式现代化等重大理论和实践主题开展了一系列有组织的研究，组织动员跨学科研究力量同题共答。我们深深认识到，在根本方向明确之后，北京大学的特点，包括哲学社会科学领域学科齐全、底蕴深厚的优势，方才得到了充分的发挥，广大师生的教学、研究热情，方才得到了空前的提高，正是在习近平新时代中国特色社会主义思想指引下，我们形成了学校上下欣欣向荣、同心同德、团结奋进的大好局面。

为了深入学习、研究、阐释习近平新时代中国特色社会主义思想，应全校师生的要求，北京大学习近平新时代中国特色社会主义思想研究院设立了学习、研究、阐释、交流论坛——"新时代学习大家谈"（包括"新时代论坛"和"新时代青年论坛"），作为学习、研究、阐释和交流的平台。论坛长期坚持，深入研究，发挥了重要作用。参加论坛的学者中，既有德高望重的老专家，又有成果丰硕的学术带头人，还有崭露头角的后起之秀。近十年来，论坛的影响日益扩大，作为学校的一员，我们也多次参加论坛进行学习交流，感到这是一种把学习交流不断推向深入的好办法。

这套"学习丛书"集合了论坛的代表性成果，汇聚了诸多学者的学习体会和学术智慧。其中，《大局：知名学者共论中国新发展》聚焦习近平文化思想、习近平法治思想、习近平经济思想和习近平生态文明思想等重要主题，着眼国内国际两个大局，从不同学科的角度研究提炼有学理性的新理论，概括有规律性的新实践，提出许多富有洞见的新观点。该书出版后，即列入中央组织部全国干部培训好教材（45 种），产生了较好反响，也体现了良好的学风和文风。《人民：中国共产党的力量之源》，分别从文化、理论、制度、道路四个方面，深刻阐述了以人民为中心的发展思想，视野开阔，阐述深切，见解精辟独到，既有广阔的世界视野，又有深邃的历史眼光，展示了以学术讲政治的深刻魅力，是哲学社会科学研究的优秀成果。《深入理解新发展格局》，从战略高度深刻阐释了新发展阶段、新发展理念和新发展格局，把马克思主义政治经济学与习近平经济思想紧密结合起来，把国内国际两个大局紧密结合起来，把战略与战术紧密结合起来，体现了学以致用的好学风。《新局：青年学者共论国家治理》，主要体现的是"新时代青年论坛"的成果，通过深入研究习近平总书记关于国家治理的重要论述，把自治、法治、德治相结合，具体化为对中长期发展规划、数字治理、金融治理、社会治理、区域与城市治理、共同富裕、国家治理现代化等方面主题的细致探讨。本着百花齐放、精心打磨、集思广益的原则，包括《文明：深入推进中华民族现代文明建设》等在内的论坛研讨成果，随后也将陆续出版。

时光荏苒，物换星移，时光之河，川流不息。十年前的今天，习近平总书记和我们一起走在鲜花盛开的北大校园，他的殷殷教诲犹在耳畔。当代中国正在经历着我国历史上最为广泛而深刻的伟大变革，也正在进行着人类历史上最为宏大而独特的实践创新。这种前无古人的伟大实践，必将给理论创造、学术繁荣提供强大动力和广阔空间。我们高兴地看到，十年来，系统深入地研究阐释习近平新时代中国特色社会主义思想，在北京大学已蔚然成风，更成为北京大学推进学术发展、理论创新和思想进步的根本遵循和不竭动力。值此"学习丛书"出版之际，作为学习活动的组织者、参加者，我们坚信，北京大学必将与一切有理想、有抱负的哲学社会科学工作者一道，为中华民族和人类进步创造更大的理论财富，为实现中华民族伟大复兴的中国梦不断作出新的更大的贡献。

推进国家治理现代化的基本理论问题

王浦劬

北京大学习近平新时代中国特色社会主义思想研究院院长，北京大学国家治理研究院院长、博雅讲席教授。

2013 年，党的十八届三中全会通过的《中共中央关于全面深化改革若干重大问题的决定》提出，全面深化改革的总目标是完善和发展中国特色社会主义制度，推进国家治理体系和治理能力现代化。2019 年，党的十九届四中全会通过的《中共中央关于坚持和完善中国特色社会主义制度　推进国家治理体系和治理能力现代化若干重大问题的决定》进一步提出，坚持和完善中国特色社会主义制度，推进国家治理现代化，由此把国家治理现代化上升到国家建设和发展的重大战略任务层面。

　　我们党两次以中央全会决定的形式宣示推进国家治理现代化，显示了国家治理现代化对于中华民族伟大复兴事业的重大意义，引发了对国家治理现代化议题的研究热潮。系统梳理既有的研究成果可见，我国学界关于国家治理现代化的研究成果虽然已经相当丰富，但是，相对于构建中国特色国家治理理论体系的需求，在基本概念和基本理论方面，尚需深化并达成共识。

有鉴于此，有必要遵循马克思主义唯物史观，从共产党执政规律、社会主义建设规律和人类社会发展规律的有机结合上，从中国共产党领导人民有效治理国家的实践中，研究和阐述中国语境下"治理"和"国家治理现代化"的基础理论，为我国的治理现代化事业提供学理支持。

我国的国家治理基本理论包含多方面内容和问题，此处仅讨论三个元问题，即何为当代中国语境中的"国家治理"？何为中国的"国家治理现代化"？如何推进中国国家治理现代化？

一、何为当代中国语境中的"国家治理"

在中文中，"治理"是个多义词，它至少包含着治国者的统治和管理、治国的结果和状态、治国之道以及对于特定事物和事务的处置等含义。在我国学界和实务界的日常用语中，这些不同含义在不同语境下得到交叉广泛使用。

在国家治理意义上，"治理"实际上是指一个国家在政权建立以后的政治管理。从国家权力角度来讲，

"治理"是国家主权确立以后,国家治权的运行和实施。从公民权利角度来讲,是公民在社会公共生活中实现其权利的过程。

在国家功能意义上,所谓国家治理,是在国家与社会的关系中,政治权力主体与公民权利主体,围绕化解社会冲突和矛盾,维持国家安全和社会秩序,提供公共物品和公共服务而形成的互动行为、制度规则和思想文化。

就当前学界对于治理和国家治理的研究来看,主要有三种分析范式,即国家中心主义分析范式、社会中心主义分析范式和政党中心主义分析范式。

国家中心主义分析范式发轫于比较政治研究,西方学者首先把德国和日本的治理方式标之以"国家中心主义"。中国的传统政治思想虽未产生西方现代意义上的"治理"概念,却围绕统治者治理国家和处理政务的得与失,形成了丰富的治道学说。因此,对统治者治国理政的研究,构成了中国传统的治理理论谱系。传统中国这种以统治者治国理政活动为对象的"治理"研究,也被西方学者简单类比为治理的"国家中心主义"范式。

社会中心主义分析范式在西方治理理论中经历了复杂的流变过程。词源考证表明,英文中的"治理"概念源于古典拉丁文和古希腊语中的"掌舵"一词,后又引申出控制、引导和操纵之意。20 世纪 50 年代开始，学者对于公共事务的治理展开多方面研究，逐步发现，在治理公共事务中存在政府失灵和市场失灵现象，为此，学者转向选择社会自我治理。20 世纪 90 年代，"治理"理论强调政府向社会放权和授权，实现社会的多元自我治理。这种治理理论的根本倾向在于弱化甚至去除国家和政府权威，主张通过构建社会自治机制，实现公共事务的有效治理。可见，西方学者的社会治理主张呈现强烈的"社会中心主义"取向。"以'社会中心论'为视角对政治生活的系统分析，聚焦的是政治系统的社会环境，着重于从政治系统的外部视角阐述社会条件对政治系统的作用。"[1]

政党中心主义分析范式是学者近年来提出的国家治理分析范式。这种"将政党突出出来的'政党中心主义'旨在弥补社会中心主义和国家中心主义在后发展国家比较研究中的缺陷，是除国家与社会之外的第三维视角"[2]。这一范式从执政党的功能着眼，坚持认为"政党不仅具有代表功能，更重要的是具有治理功能，可以实现利益表达和利益聚合，主导政策制定和政策执行；政

---

①　李新廷：《社会中心主义·国家中心主义·政党中心主义——西方比较政治学研究视角的演进与中国关照》，《国外理论动态》2016 年第 2 期。
②　李新廷：《社会中心主义·国家中心主义·政党中心主义——西方比较政治学研究视角的演进与中国关照》，《国外理论动态》2016 年第 2 期。

党在国家治理中居于中心地位，发挥核心作用，整个国家治理体系以政党为中轴而构建，整个国家治理过程由政党主导而展开"①。由此出发，认为当代中国的治理模式是政党中心主义国家治理模式，这是中国共产党在1949年之后逐步建立和完善的新的国家治理模式。

这些研究范式大都选择治理中的特定侧面或者主体，设置它们为理论行程的逻辑起点和初始自变量，通过演绎推导论证，构建理论并且论证其范式的合理性，显示了学者各自研究的取舍视角和解释效用。

马克思主义基于辩证唯物主义和历史唯物主义原理，从国家与社会的有机联系和辩证互动出发，深刻阐发国家本质属性、职能配置及其发展规律，在此基础上，科学把握国家治理功能及其本质规定。

（一）国家治理是国家与社会政治关系的功能函数

马克思主义认为，人类社会有史以来的国家，都产生于社会，凌驾于社会，并且最终回归社会。因此，国家与社会关系构成了历史唯物主义分析国家治理现象及其发展规律的基本范式。

---

① 郭定平：《政党中心的国家治理：中国的经验》，《政治学研究》2019年第3期。

按照历史唯物主义的观点，在阶级社会，对立阶级之间的对抗性，造成了社会的结构性分化、破碎甚至撕裂，而国家和国家治理恰恰是这种对抗的产物，如同恩格斯深刻指出的那样："国家是社会在一定发展阶段上的产物；国家是承认：这个社会陷入了不可解决的自我矛盾，分裂为不可调和的对立面而又无力摆脱这些对立面。而为了使这些对立面，这些经济利益互相冲突的阶级，不致在无谓的斗争中把自己和社会消灭，就需要有一种表面上凌驾于社会之上的力量，这种力量应当缓和冲突，把冲突保持在'秩序'的范围以内；这种从社会中产生但又自居于社会之上并且日益同社会相异化的力量，就是国家。"①

在历史发展的不同阶段，不同社会的根本属性决定不同国家的本质，显示社会对于国家本质的先定性。而在国家产生以后，作为社会异己力量的国家凌驾于社会之上，按照统治阶级的利益和意志维护社会秩序、维系社会运行和提供公共产品。因此，国家功能是国家本质属性和统治意志的因变量，而国家治理不过是统治阶级利益要求和政治主张的功能函数。在特定条件下，这种因变量和功能函数，对于社会产生巨大的能动性和反作用。由此可见，国家治理是国家与社会关系辩证作用的

---

① 《马克思恩格斯文集》第 4 卷，人民出版社 2009 年版，第 189 页。

政治联接。

随着社会主义国家的建立，在社会主义政治发展中，国家逐步与社会融合，国家治理的功能和结构也最终回归社会。

（二）国家治理是国家统治和管理的有机结合

国家治理及其发展遵循国家与社会的辩证关系，具有政治和社会双重属性。其中的政治属性鲜明地体现为政治统治职能，而社会属性则现实地体现为政治管理职能。这两种职能之间具有辩证关系，其中政治统治确保国家安全和秩序稳定，是政治管理得以运行的必要条件，政治管理达成的发展效率和公平正义，则是政治统治得以实施的必要基础。正如恩格斯所说，"政治统治到处都是以执行某种社会职能为基础，而且政治统治只有在它执行了它的这种社会职能时才能持续下去"①。因此，在马克思主义话语体系中，"治理"是国家政治统治与政治管理的双重复合和有机结合，这种复合和结合，是国家与社会之间辩证关系的属性互赋和职能互配的体现。

在不同历史条件下，国家治理具有本质性区别。在

---

① 《马克思恩格斯选集》第 3 卷，人民出版社 2012 年版，第 559 — 560 页。

剥削阶级社会，政治统治是剥削阶级对于劳动人民的统治和压迫，政治管理服务于剥削阶级的意志。在社会主义社会，国家的政治统治职能，集中体现为国家对于危害国家安全的敌对势力和敌对分子的专政，对于国家安全和社会秩序的维护。国家的政治管理职能，集中体现为国家管理社会公共事务，提供公共服务，化解公共生活的矛盾，发展经济社会文化各项事业，以实现和保障人民权益要求。

不过，在实践层面，"怎样治理社会主义社会这样全新的社会，在以往的世界社会主义中没有解决得很好。马克思、恩格斯没有遇到全面治理一个社会主义国家的实践，他们关于未来社会的原理很多是预测性的；列宁在俄国十月革命后不久就过世了，没来得及深入探索这个问题；苏联在这个问题上进行了探索，取得了一些实践经验，但也犯下了严重错误，没有解决这个问题"①。

新中国成立以来，在不断遭遇和解决新问题的征程中，中国共产党代表人民执掌政权、运行治权，领导人民治理国家，积累了丰富经验。进入新时代，中国共产党提出国家治理现代化的目标和任务，其中"国家治理"的基本含义，是指在中国特色社会主义道路的既定

———————————

① 《习近平谈治国理政》第 1 卷，外文出版社 2018 年版，第 91 页。

方向上，在坚持和完善中国特色社会主义制度的意义上，中国共产党领导人民科学、民主、依法和有效地治国理政。

（三）国家治理是政治权力与公民权利的互动联系

在社会政治意义上，国家由政治权力与公民权利共同构成，因此，国家治理实际上是政治权力与公民权利的互动联系。

不过，在不同社会形态下，政治权力与公民权利的关系属性和联系方式具有本质性差异。在资本主义国家，国家治理本质上是剥削阶级掌控的政治权力与被剥削阶级实不可得的权利之间的统治和压迫关系。在社会主义社会，随着剥削阶级的消灭，人民基于根本利益形成政治权力与公民权利关系，使得政治权力与公民权利在根本属性上统一于人民政治。因此，社会主义的国家治理，本质上是人民政权与公民权利的有机联系和相互作用。

由此可见，在当代中国语境中，"国家治理"是马克思主义从国家与社会辩证关系出发，分析和阐述国家统治与管理双重职能的基本概念。在政治意义上，国家治理实际是政治权力与公民权利的互动关系，是两者关系属性的实现功能和运行方式的体现。而当代中国的国家治理，实则是工人阶级和劳动人民建立自己的国家以后，对于如何治理好这样的国家的全新命题的回应。它是中国社会处于社会主义初级阶段历史方位的国家运行形态，它秉持中国共产党全心全意为人民服务的根本宗旨，根植于社会主义条件下国家与社会的共同本质属性即人民性，超越国家、社会或者政党中心主义等分析范式，坚持以人民为中心，从执政党与人民、国家与社会的辩证联系中，确证其根本属性和基本功能。

二、何为中国的"国家治理现代化"

（一）中国国家治理现代化的历史方位和社会本质

现代化是人类社会从农业经济向工业经济、农业社会向工业社会、农业文明向工业文明的转变和发展。国家治理现代化，就是基于经济形态、社会形态和文明形态的现代化发展而形成的国家治理形态的发展。

历史唯物主义认为，当人类社会摆脱私有制和剥削制度，建立全新的社会主义社会以后，人民成为国家的主人，因此，中国的国家治理现代化是社会主义的现代化，是中国特色社会主义政治文明的建设和发展。

从国家与社会关系辩证发展的历史过程来看，在资本主义社会，与社会相对立并且凌驾于社会之上，按照统治者的意志统治社会，形成了国家治理中国家与社会关系的悖论。在社会主义社会，国家与社会关系统一于人民主体。由此可见，国家治理性质和职能变化、治理方式调整和治理体制机制变革，实际上是国家与社会关系在不同历史阶段发展的具体体现。就其历史方位来看，中国国家治理现代化，是国家与社会关系在人民政权确立后，在社会主义初级阶段的持续政治发展，是趋向新的社会主义文明的治理形态。

从根本社会属性来看，社会主义国家治理现代化，是人民的现代化。在社会主义社会，执政党、国家和社会，都以人民性作为本质属性。作为最高政治领导力量的中国共产党是人民根本利益的集中代表者和践行者，"中国共产党根基在人民、血脉在人民、力量在人民"①。国家是人民民主专政的国家，社会则是人民的社会。因此，中国治理现代化，是以人民为治理主体的现代化，是为了全体人民共同富裕的治理现代化。

从历史发展逻辑来看，在社会主义社会，国家的人

---

① 习近平：《在庆祝中国共产党成立 100 周年大会上的讲话》，《人民日报》2021 年 7 月 2 日。

民性和社会性持续得到强化和发展，"江山就是人民、人民就是江山"①，在国家治理现代化进程中，国家与社会不仅良性互动，而且国家在保障总体国家安全和社会秩序的前提下，逐步把社会管理的权能赋予社会，国家与社会的关系日益趋向和谐、协同、文明和进步。

从国家与社会关系发展归属来看，国家治理现代化的根本目标是人的全面发展，在不断促进社会主义社会生产力发展，提升经济发展水平和质量的基础上，推动物质文明、政治文明、精神文明、社会文明、生态文明协调发展，沿着中国式现代化道路，创造人类文明新形态，不断实现人的现代化。

（二）中国治理现代化本质上是政治权力与公民权利良性互动关系的构建和优化

相对于阶级对立的社会，中国的国家与社会关系的深刻质变在于，人民成为国家的主人和国家治理的主体，这种变化使得人民拥有真实、平等和广泛的公民权利，使得社会摆脱了旧有的国家与社会的关系，摆脱了旧的国家治理中根本对立的治人者与治于人者的对抗性两分结构，国家与社会在普遍、真实和广泛的民权基础

---

① 习近平：《在庆祝中国共产党成立 100 周年大会上的讲话》，《人民日报》2021 年 7 月 2 日。

上成长为人民政治共同体，由此为中国治理现代化奠定了社会成员平等共治的政治基础。

中国国家与社会关系的深刻变化，使得国家治理中政治权力与公民权利关系的根本属性、实际状态和运行方式发生相应质变，使得政治权力与公民之间趋向良性联系、相互建构和互动发展成为可能。

在此背景下，中国国家治理现代化的过程，本质上是国家治理中政治权力与公民权利之间的良性互动结构性关系的构建和不断优化的过程。

（三）中国治理现代化的内容包括国家治理体系和治理能力现代化

国家治理现代化，包含国家治理体系和国家治理能力的现代化。中国国家治理体系是在党领导下管理国家的制度体系，包括经济、政治、文化、社会、生态文明和党的建设等各领域体制机制、法律法规安排，也就是一整套紧密相连、相互协调的国家制度；国家治理能力则是运用国家制度管理社会各方面事务的能力，包括改革发展稳定、内政外交国防、治党治国治军等各个方面。

中国国家治理现代化对于国家治理体系和治理能力两个方面及其有机结合内容的确定，体现了中国国家治理现代化对于国家治理主体和国家治理规则的双重关注，对于协同推进人与制度及其相互联系的现代化的统筹确认。

（四）中国治理现代化结构性目标是国家与社会协同治理

中国的国家治理是在中国基本经济关系和制度基础上形成的。公有制为主体、多种所有制经济共同发展的基本经济制度和按劳分配为主体、多种分配方式并存的分配制度，决定了中国治理的主体格局、基本形态、体制结构和矛盾运动。社会主义市场经济体制等社会主义基本经济制度，决定了中国治理共建共治共享的复合治理机制。因此，当代中国基本经济制度，决定了社会主义初级阶段国家治理现代化的结构性目标是，在中国共产党领导下，达成国家与社会的良性互动和协同治理。

中国共产党全面和集中统一领导，国家主权、宪法和法律的至上地位和效力，人民根本利益的实现要求，国家治理的公共理性，国家根本和基本制度的有效运行，既构成了国家治理的统一性基础，也构成了国家治理权力和权威的集中统一要求。而改革开放以来，随着社会主义市场经济的发育和发展，社会结构、社会分工、职业分化发生深刻变化，由此产生了多样化的社会领域和社会主体。

中国治理的统一性、同一性与多样性、多元化之间的互动关系和辩证统一，使得国家治理现代化需要建构"一"与"多"相辅相成的结构性治理主体和复合型治理机制，据此使得社会围绕国家治理现代化达成最大公约数，有效整合社会，同时激发市场和社会活力，提升治理合力，达成社会多样性与政治同一性的有机结合、相互强化和均衡发展，由此形成中国共产党领导，多方参与和协同治理的治理体系、格局和机制。

（五）中国治理现代化奉行和贯彻现代化价值取向

中国治理现代化的价值定位表现在以下几个方面。

首先，中国治理现代化坚持马克思主义在意识形态领域指导地位的根本制度。在新时代，必须着力用习近平新时代中国特色社会主义思想武装全党、教育人民、指导工作，夯实党执政的思想基础。在此前提下，中国治理现代化以中国特色社会主义共同理想和共产主义远大理想为根本价值取向。

其次，中国治理现代化以中国共产党领导人民在长期奋斗中形成的系列精神作为精神动力。伟大建党精神是中国共产党的精神之源，也在党团结带领人民长期奋斗中，衍生形成了中国共产党人的精神谱系，锤炼出鲜明的政治品格。这些精神和品格，是中国治理现代化的精神动力，也是其治理的精神文明构成。

最后，中国治理现代化以社会主义核心价值观为价值指引。党的十九大报告指出："社会主义核心价值观是当代中国精神的集中体现，凝结着全体人民共同的价值追求。"国家治理现代化，把社会主义核心价值观融入国家治理体系和治理能力现代化建设，在实践中创造和形成中国精神和中国价值，实现富强、民主、文明、和谐、自由、平等、公正、法治、爱国、敬业、诚信、友善的价值并且达成其均衡和谐，构建中国国家治理现代化的深层价值结构和深沉恒久的文化力量，塑造全体国民的现代人格。

（六）中国治理现代化以制度建设运行和治理绩效为现代化衡量标尺

中国治理的现代化，以治理制度建设和运行的结果和绩效，以人民群众的获得感、幸福感和安全感在社会中得以体现。同样，社会生产力的发展程度、社会现代化文明的发育程度和人民群众的利益需求实现程度，也会在国家治理的实际状况、体制机制和运行方式方面得以反映。由此可见，国家治理现代化，是在政治权力与公民权利的文明建设和发展的双边互动和相互镜鉴中推进的，是在制度建设和制度转化为治理效能的结果中得以体现的。

　　一般认为，科学合理的治理绩效指标体系，是评估和衡量国家治理现代化水平的标准。研究表明，科学合理的评估指标体系，只有有机结合国家与社会关系的性质，结合制度治理的合法性和合理性，才能正确反映和体现国家治理现代化的文明进步发展状况和程度。

三、如何推进中国国家治理现代化

　　遵循习近平新时代中国特色社会主义思想，基于国家治理的实践经验，中国国家治理现代化的路径可以概括如下。

（一）坚持中国共产党集中统一领导与全面从严治党

　　党的领导是推进国家治理现代化的最大制度优势，推进国家治理现代化的第一要义是坚持中国共产党集中统一领导。因此，推进国家治理现代化，必须"紧紧把握适应新时代中国特色社会主义发展要求，构建坚持党的全面领导、反映最广大人民根本利益的党和国家机构职能体系这一主线，着力从制度安排上发挥党的领导这个最大的体制优势，统筹考虑党和国家各类机构设置，协调好并发挥出各类机构职能作用，完善科学领导和决策、有效管理和执行的体制机制，确保党长期执政和国家长治久安"①。

在推进国家治理现代化的实践中，实施党的集中统一领导的关键在于新时代党的建设。正因为如此，必须全面从严治党，健全党内法规，把依规治党与依法治国有机结合起来，通过持续的自我革命，不断增强党的执政能力，提升党员干部的政治判断力、政治领悟力、政治执行力。

（二）以优化政治权力与公民权利的关系为主线

在社会主义条件下，要以优化政治权力与公民权利的关系为主线，创新治理结构和流程，建构和运行全新的国家与社会关系，走出政治权力与公民权利互强、互构、互证、互补的互动辩证发展、科学治理与民主治理有机结合的中国特色治理道路，构建国家治理的合理性与合法性、有效性与民主性有机结合，在国家治理的合理性和有效性中体现合法性和民主性，在合法性和民主

---

① 《习近平谈治国理政》第 3 卷，外文出版社 2020 年版，第 90 页。

性中实现合理性和有效性的人民共和国治理模式。

就优化政治权力关系而言，在执政党与国家关系方面，中国国家治理现代化不断加强和完善党的全面领导和集中统一领导制度，提高党科学执政、民主执政、依法执政水平；坚持和完善中国特色社会主义制度，完善各方面权力关系。就完善公民权利关系而言，贯彻依法治国战略，加强人权法治保障，保证人民依法享有广泛的权利和自由、承担应尽的义务。就政治权力与公民权利关系而言，中国国家治理现代化持续优化公共权力与公民权利之间的关系，推进公共权力与公民权利的良性互动和合作共治。

（三）以坚持和完善中国特色社会主义制度为实施路径

"领导制度、组织制度问题更带有根本性、全局性、稳定性和长期性。"① 因此，国家治理制度现代化是基础，国家治理能力是执行和运用制度治理国家的能力，它以国家制度建设为前提，在制度运行中发挥作用，在制度运行的结果和效能中得以体现。

以坚持和完善中国特色社会主义制度为国家治理现

---

① 《邓小平文选》第 2 卷，人民出版社 1994 年版，第 333 页。

代化的实施路径，表明中国国家治理现代化着力点在于坚持和发挥根本制度、基本制度和重要制度的显著优势，完善、创新、建设和发展国家现代制度，以制度改革释放人民中蕴含的生产力和社会发展的巨大活力，同时，以制度建设牵引和促进现代化文化和人格的塑造，提升人的现代化素质和能力，从而实现科学技术、经济社会、制度规则和人的全面现代化。

在制度建设方面，需要特别重视构建和强化制度的执行机制建设，使得制度切实成为治理的抓手，转化为治理的效能。

（四）贯彻全面统筹和协调推进国家治理现代化的战略

中国治理现代化是广泛涉及国家建设的方方面面、关乎国家改革发展全局的系统性工程。"全面深化改革问题，不是推进一个领域改革，也不是推进几个领域改革，而是推进所有领域改革，就是从国家治理体系和治理能力的总体角度考虑的。"[①]

党的十八大以来，中国国家治理现代化是在"五位一体"总体布局和"四个全面"战略布局下统筹和协调

---

① 《习近平谈治国理政》第 1 卷，外文出版社 2018 年版，第 90 页。

推进的，其中包含统筹和协调人民群众对于多方面、多领域、多取向和多形态的美好生活需求，统筹和协调社会主义初级阶段生产力和科学技术发展水平、规则制度、价值取向和文化形态，统筹和协调制度与人等各个方面，稳步推进国家治理现代化。

中国国家治理现代化，强调国家和社会的系统治理、依法治理、综合治理、源头治理，强调治理的系统集成、协同高效，从而在整体最优意义上，全面系统、有机联系和发展动态地推进国家治理现代化，以避免片面和孤军突进的形而上学的国家治理现代化发展逻辑。

中国国家治理现代化，基于新时代新阶段，在全面建设社会主义现代化国家历史进程中，把国家治理现代化与国家建设和发展有机结合，科学合理分解现代化和后现代化同时叠加赋予国家治理的任务、要求和职能，在统筹兼顾、合理有序和协调推进的国家现代化发展、建设和改革中，以高质量发展推进现代化建设，以高效能治理推进国家治理现代化。

（五）实施多元主体协同治理、共同推进的发展方略

中国国家治理现代化的协同共治方略，首先体现为在中国共产党领导下，政府、市场、社会和公民的共同

治理结构和格局，即所谓"一核多元"的治理共同体的构建和实施；其次体现为多元主体之间建构良性互动关系，形成协同和协商治理的集体行动。在多元共识基础上，使国家治理现代化成为全体人民共建共治共享的共同行为，形成人人平等、人人参与、人人尽责的局面，推进政党、政府、企业、社会与公民协同共治；再次体现在国家制度和法治建设的共同性方面，即在构建中国特色社会主义法治体系、实施社会主义法治过程中，坚持依法治国与依规治党有机联系，坚持依法治国、依法执政、依法行政共同推进，法治国家、法治政府、法治社会一体建设。

（六）以运用制度达成高质量治理效能为治理能力建设标尺

国家治理能力，是运用国家制度管理社会各方面事务的能力，本质上是国家治理主体把制度优势转化为国家治理效能的素养、素质和本领，是多方面治理主体的能力的综合构成，包含政治权力主体的治国理政能力，也包含公民权利主体依法参与国家治理的民主治理能力。

国家治理能力现代化，集中体现为国家治理主体共同制定国家治理现代化目标、路径和战略，运行国家治理体系，科学合理有效执行制度并且把制度优势转化为治理效能，驾驭和引领国家治理过程，实现国家治理目标的素养和本领的综合。

国家治理能力是在把握问题和解决问题的过程中体现和提升的。国家治理能力的现代化，就是运用中国特色社会主义制度，不断解决横亘在前进道路上的各种问题的过程。因此，国家治理能力的建设，治国理政本领的培养，必然要以问题为导向，把现实问题解决与总体战略部署和实施有机结合起来，全面增强分析问题、解决问题的能力。

国家治理能力现代化发展和提升，常常是通过多主体协同治国理政的实践绩效体现出来的，因此，执行和实施国家治理制度的治理绩效是衡量治理现代化的取向和程度的依据，这就需要从多个方面着手，以强化运用制度达成高质量治理效能的国家治理能力，使得国家治理制度与治理能力有机结合。

经济体制选择的逻辑

于鸿君

北京大学博雅特聘教授，光华管理学院教授。

改革开放 40 多年来，中国最重要的经济理论创新就是社会主义市场经济理论的形成和发展，最重大的经济体制创新就是社会主义市场经济体制的建立和完善，这也是改革开放以来创造中国经济奇迹的两个重要原因。对这个结论，学界是有基本共识的，但对这个结论的解释有诸多不同，乃至根本对立。对中国经济改革成功作出客观分析，需要坚持理论逻辑与实践过程的统一、历史经验与现实状况的统一，从中国实际和国际比较相结合的视野，回答这样几个问题：中国当初为什么选择计划经济体制？计划经济体制给中国带来了什么？中国为什么选择从计划经济体制走向社会主义市场经济体制？中国社会主义市场经济体制何以能够成功？从经济体制选择和改革发展的历史中我们得到了什么样的启示？

一、中国选择计划经济体制的历史必然性

20世纪70年代末以后，中国实行了市场取向的改革，确立了社会主义市场经济体制的改革目标。对此，有人提出："早知现在，何必当初？"认为中国选择计划经济体制是历史的错误，当时就应该选择市场经济体制。我们应从历史事实中回看当初为什么必然选择计划经济体制。

中国选择计划经济体制，根本原因就是认为有计划按比例发展是社会主义的主要经济规律，因此，要搞社会主义，就必须实行计划经济体制。如何理解有计划按比例发展规律呢？应该说"按比例发展"是经济规律，"有计划"是实现"按比例发展"的前提，社会主义通过有计划实现按比例发展。

按比例发展是经济发展的一般规律。人类社会要生存和发展，就必须进行生产，生产的目的是满足人的需求。在人类社会发展的不同历史阶段，实现生产目的的方式不同：在自给自足的小商品生产阶段，生产直接或者通过简单交换满足需要。进入以机器大工业为基础的社会化生产以后，社会分工高度发达，生产要满足两类不同需求：消费需求和生产需求。于是社会生产有了部类、部门、产业等各种划分，要使社会生产顺利进行，

社会生产部类之间、部门之间、产业之间要保持一定比例关系，这种比例关系实质上还是生产和需求之间的平衡。可以说，社会生产要保持各种比例关系，或者说社会生产和需求之间保持平衡是经济发展的客观要求，也就是客观规律。

按比例发展亦即生产和需求之间均衡发展的规律如何实现呢？在资本主义自由竞争阶段是自发实现的。资本主义实行以私有制为基础的市场经济，市场通过价格、供求、竞争等机制将资源分配到不同部类、部门、产业中，满足各方面的需求。这种资源配置方式，一方面极大地推动了经济的快速发展，使"资产阶级在它的不到一百年的阶级统治中所创造的生产力，比过去一切世代创造的全部生产力还要多，还要大"[①]。但另一方面，它经常导致社会化大生产所要求的各种比例关系以及生产和消费比例的失衡，从 1825 年开始周期性爆发生产相对过剩的经济危机，以社会财富的巨大浪费为代价实现各种比例的均衡。马克思、恩格斯对资本主义的深刻批判也是基于这样的经济事实，同时他们预示了在共同占有生产资料的未来社会中，应该也可能自觉地遵循经济规律。马克思指出，按一定比例分配社会劳动的必要性，决不可能被社会生产的一定形式所取消，但它的表

---

① 《马克思恩格斯选集》第 1 卷，人民出版社 2012 年版，第 405 页。

现形式是可以改变的。既然资本主义社会通过市场经济这种分配社会劳动的方式自发实现经济规律已经被历史证明不适应生产力发展要求，那么未来社会自觉地组织社会生产将替代生产的无政府状态，有计划地实现经济的按比例发展。

马克思、恩格斯对未来社会经济发展的预示是有科学基础的，因此，马克思主义政党在建立社会主义制度后很自然地遵循这一规律。苏联在十月革命以后经过各种探索（包括新经济政策），最终建立了高度集中的计划经济体制，在这种体制下，苏联获得了快速发展甚至可以说创造了经济发展奇迹。据苏联中央统计局统计，1928 年 10 月至 1941 年 6 月的前三个五年计划期间，即苏联社会主义工业化时期，苏联的工业生产总值增长为帝俄时期最高峰 1913 年的 8.52 倍，其中重工业是 1913 年的 15.54 倍，轻工业是 1913 年的 4.97 倍。增速迅猛，成绩斐然。相比之下，至 1928 年为期近 8 年的新经济政策被终止时，苏联的工业生产总值仅为 1913 年的 1.32 倍，其中，重工业是 1913 年的 1.55 倍，轻工业是 1913 年的 1.2 倍。虽然轻、重工业比例更为协调，但总体增长较为缓慢。至 1940 年底，相比 1913 年的各项数据，苏联的铁路运输额增长至 6.32 倍、基本建设投资总额增长至 8.53 倍，连最弱的农业总产值也增长至 1.64

倍。[①] 对比来看，英国用了将近 80 年的时间完成了工业革命，又用了近 80 年的时间实现了国家的工业化，而苏联仅用了 13 年左右的时间就完成了从一个落后的农业国到先进的工业国的历史性跨越。特别是在 1929 — 1933 年的世界性大危机中，资本主义世界一片萧条，但苏联经济保持了高速增长。1929[②] — 1932 年 "一五" 计划期间，工业生产总值年增长率达 19.2%，国民收入年增长率为 16.2%；1933 — 1937 年 "二五" 计划期间，工业生产总值年增长率为 17.1%，国民收入年增长率仍保持在 16.2%，提前一年完成计划任务；1938 — 1940 年为期仅三年的 "三五" 计划期间，工业生产总值年增长率为 13.2%，国民收入年增长率为 10%，提前 2 年完成计划任务。第二次世界大战之后，在卓有成效的计划安排下，苏联经济进入快速恢复时期，至 1950 年国民经济已恢复并开始超越战前水平。1954 年，苏联工业总产值跃升至 1913 年的 24.28 倍，其中，重工业产值高达 52.77 倍，国民收入总额也增加了 15.3 倍。苏联的成功为后来的社会主义国家包括中国提供了可供借鉴的经验，或者说，苏联经验验证了社会主义可以通过有计划

---

① 　此处的统计数据以 1913 年俄罗斯工业生产总值为参照基数 1。由于苏德战争爆发，1941 年的数据没有统计，这里给出的数据截至 1940 年。
② 　这里写 1929 年而非 1928 年的原因是 1929 年 5 月苏联 "一五" 计划才正式开始实施。

实现按比例超常规发展。

理论上有马克思主义基本原理可供遵循，实践上有苏联成功经验可供借鉴，中国实行计划经济体制就成为很自然的选择。

经济体制为经济发展战略服务，不同的经济发展战略，要求有不同的经济体制为其服务。经济体制是否适应经济发展战略，决定和影响着经济发展战略的实现程度。中国实现工业化目标和优先发展重工业的工业化战略以及实现工业化的基础是选择计划经济的客观原因。

实现中华民族伟大复兴，首先要实现工业化。新中国成立前夕，党的七届二中全会就提出要把我国从农业国变为工业国，自此以后始终把建设社会主义现代化国家作为发展目标，先后提出了"把我国由落后的农业国变为先进的社会主义工业国""建设现代化的工业、现代化的农业、现代化的交通运输业和现代化的国防""把我国建设成为一个具有现代农业、现代工业、现代国防和现代科学技术的社会主义强国"等战略目标。

如何实现工业化？不同国家有不同路径：一是以英国为代表的市场驱动型国家优先发展轻工业；二是以苏联为代表的赶超型国家优先发展重工业。中国选择了优先发展重工业的工业化道路。之所以选择了这样的工业化道路，理论上有列宁关于生产资料生产优先发展的指引，实践上有苏联成功的榜样示范，更重要的是基于当时的情况。新中国成立以后，面临的是以美国为首的西方社会的禁运、冻结、制裁等一系列冷战封锁"围剿"，新生的共和国要生存必须有强大的国防，必须优先发展重工业。当时中国的工业基础极为落后[①]，在完成国民经济恢复工作的 1952 年，现代工业产值在工农业总产值中的比重只有 26.6%，重工业产值在工业总产值中的比重只有 35.5%。中国许多重要工业产品的人均产量不仅远远低于美国，甚至不如印度。如人均钢产量：美国为 538.3 公斤，印度为 4 公斤，中国为 2.37 公斤；发电量：美国为 2949 度，印度为 10.9 度，中国为 2.76 度。基础设施极为落后，铁路里程只有 2.29 万公里，人均 9.8 厘米，公路里程 12.67 万公里，人均 20 厘米，而且大多破败不堪，损毁严重。我们面对的难题是：如何在农业机械化程度极低、工业发展严重落后、国防和军工产业几乎为零，在保证新生政权安全的情况下，将世界第一人口大国从一个落后的农业国发展成为一个先进的工业国。

[①] 毛泽东曾说："现在我们能造什么？能造桌子椅子，能造茶碗茶壶，能种粮食，还能磨成面粉，还能造纸，但是，一辆汽车、一架飞机、一辆坦克、一辆拖拉机都不能造。"（《毛泽东文集》第 6 卷，人民出版社 1999 年版，第 329 页。）

在这种条件下保障发展战略目标的实现，必然会选择计划经济。因为在资源异常匮乏的情况下，只有将有限的人力物力财力集中，才能发挥集中力量办大事的优势。实际上，战后所有发展中国家在进行经济发展战略安排时，都有重工业化、重资本、重计划的倾向。除工业落后以外，中国当时在教育、医疗等方面也面临着巨大的供给缺口。这些既是宏观层面需要国家进行强力干预的领域，也是微观层面每一个个体所共同面临的现实问题。新中国成立之初亟待解决的诸多问题在个体层面具有广泛的"共性"，属于"公共产品"或"准公共产品"的范畴，具有较强的外部性，市场无法提供最优的数量，因此需要由政府统筹配置社会资源来解决。其后的实践表明，由政府提供这些公共产品或准公共产品，付出的成本极小，产生的效果非常显著。[1]

马克思早就说过："人们自己创造自己的历史，但是他们并不是随心所欲地创造，并不是在他们自己选定的条件下创造，而是在直接碰到的、既定的、从过去承继下来的条件下创造。"[2] 因此，中国实行计划经济，是基于当时时代条件、发展水平和认识水平的必然选择。

---

[1] 从新中国成立到改革开放之初，政府计划主导下进行了大规模的水利工程建设、大规模的全民扫盲运动、大规模的土地开垦和大规模的科学技术攻关。这些重大工程付出的成本都是极低的，而产生的效果则非常显著。
[2] 《马克思恩格斯选集》第 1 卷，人民出版社 2012 年版，第 669 页。

二、中国计划经济体制的历史功绩

在中国进行经济体制改革并取得成功以后，有人很自然地把改革开放前后两个历史时期对立起来[①]，对计划经济体制和计划经济时期的发展持否定态度。因此，要正确认识计划经济和计划经济体制，就必须全面了解这一时期取得的成就，以及这些成就对改革开放的成功意味着什么。

首先，中国经济实现了快速发展。新中国成立以后，尽管经过国民经济恢复时期，经历过抗美援朝战争，从 1953 年才开始进行社会主义改造和大规模经济建设，此后又经受了"大跃进"和"文化大革命"的严重挫折，但是中国经济在这段时期依然实现了快速发展。1952 年到 1978 年，中国工农业总产值年均增长率为 8.2%，其中，工业总产值年均增长 11.4%。按照不变价格计算，国内生产总值从 1952 年的 679 亿元增加到 1978 年的 3222.7 亿元，年均增长率为 6.17%。人均国内生产总值从 1952 年的 119 元增加到 1978 年的 336 元，年均增长率为 4.07%。

---

① 有的人往往关注的是改革开放前这一时期遇到的曲折、出现的失误，甚至把曲折和失误当作那一时期的全部。其实，新中国在这一时期的艰辛探索中也取得了非常了不起的成就。

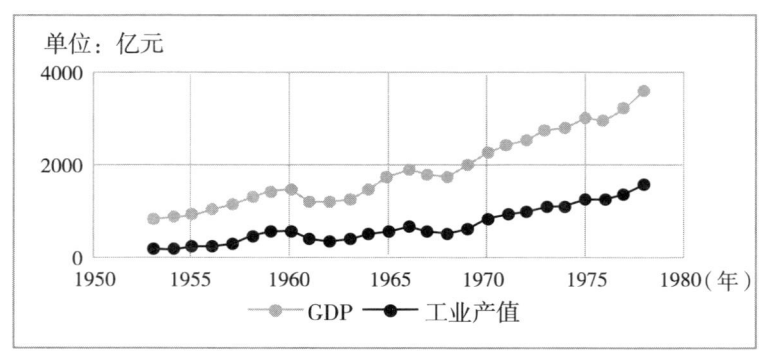

图 1 中国 GDP 总量和工业产值（1953 — 1978）

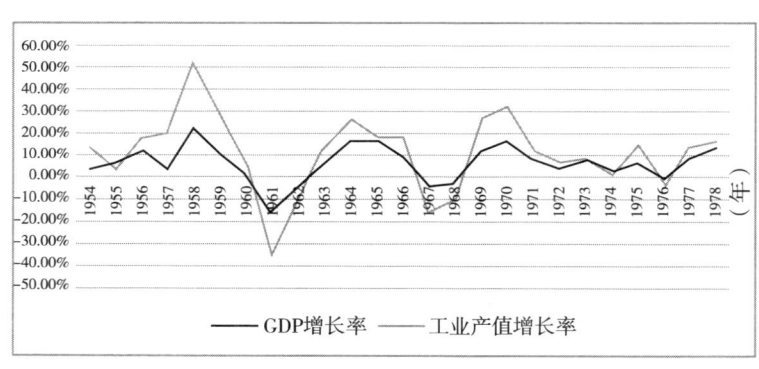

图 2 中国 GDP 增长率和工业产值增长率（1954 — 1978）

其次，重要工农业产品产量大幅度增加。从 1953 年"一五"计划时期开始到 1976 年的 20 多年，是国家工业体系和国民经济体系从无到有、从弱到强的时期，也是为改革开放后实现跨越式发展打基础的关键时期，主要工农业品的生产能力飞速提高。钢产量从 1949 年的 16 万吨发展到 1976 年的 2046 万吨。发电量从 1949 年的 43 亿度发展到 1976 年的 2031 亿度。原油从 1949 年的 12 万吨发展到 1976 年的 8716 万吨。原煤从 1949 年的 3200 万吨发展到 1976 年的 4.83 亿吨。[1]汽车产量从 1955 年的 100 辆发展到 1976 年的 13.52 万辆。粮食总产量从 1949 年的 2263.6 亿市斤增加到 1976 年的 5726.1 亿市斤，亩产量从 1949 年的 137 市斤增加到 1976 年的 316 市斤。棉花总产量从 1949 年的 888.8 万担增加到 1976 年的 4110.9 万担，亩产量从 1949 年的 22 市斤增加到 1976 年的 56 市斤。[2]

最后，社会事业全面快速发展。全国总人口数从 1949 年的 5.4167 亿增长到 1976 年的 9.3717 亿，同期粮食的人均占有量从 418 市斤增加到 615 市斤，增产的粮食不仅多养活了新增的 4 亿人口，而且使全国人均占有的粮食增加近 200 市斤。人口死亡率从 1949 年的 20 ‰ 下降到 1976 年的 7.25 ‰。人均预期寿命从 1949 年的 35 岁增加到 1976 年的 68 岁。

正如习近平总书记所指出的：如果没有 1949 年建立新中国并进行社会主义革命和建设，积累了重要的思

---

[1] 中央财经领导小组办公室编：《中国经济发展五十年大事记（1949.10 — 1999.10）》，人民出版社、中共中央党校出版社 1999 年版，第 6、283 页。
[2] 中国农业年鉴编辑委员会编：《中国农业年鉴（1980）》，农业出版社 1981 年版，第 35、36 页。

想、物质、制度条件，积累了正反两方面经验，改革开放也很难顺利推进。可见，计划经济时期的发展为改革开放后的发展奠定了重要基础。

（一）奠定了工业化基础。计划经济时期最重要的成就之一是建立了相对独立完善的工业体系。工业体系不是手工作坊，而是按照工业化生产规律建立在社会分工基础上形成的社会化"有组织的机器体系"。从新中国成立初期确立实现社会主义工业化的目标，进行 156 个重大工程和 690 多个重点项目建设，到 1964 年提出"两步走"的设想，提出到 1980 年建立独立的比较完整的工业体系和国民经济体系，15 年间中国工业化迅速发展，到 1980 年实现了这个目标，成为继美国和苏联之后第三个拥有完整独立工业体系的国家。1952 年，中国三次产业增加值比重是 50.5∶20.8∶28.7，到了 1976 年，比重为 32.4∶45∶22.6。优先发展重工业建立起独立的工业体系这一发展战略和取得的成就从根本上保证了中国经济发展的独立性与自主性，也为国民经济整体发展奠定了基础。没有工业体系的建立和发展，农业机械、农业化肥、农田水利设施的发展，农产品产量的提高和农业的发展就无从谈起，轻工业产品的产出、人民物质生活水平的提高也无法实现，交通运输和国防工业等也难以发展。

（二）推进了基础设施建设。这一时期基础设施建设大幅推进，1952—1978 年，铁路通车里程从 2.29 万公里提升至 5.17 万公里，增加 1 倍以上，年均增长 3.2%；公路通车里程从 12.67 万公里增加到 89.02 万公里，增加 7 倍以上，年均增长 7.8%，铁路和公路里程的增长速度均显著高于改革开放后的增长速度。与此同时，1949—1978 年还进行了大规模的水利建设，建成大中水库 8.6 万座，年均增长 15.7%，总库容由 200 亿立方米上升到 4000 亿立方米，年均增长 10.9%。这些水库目前仍然发挥作用，供应着目前中国 90% 的城市人口饮用水。[①] 中国在基础设施方面的大幅推进为改革开放后的经济高速发展和快速城市化奠定了基础。

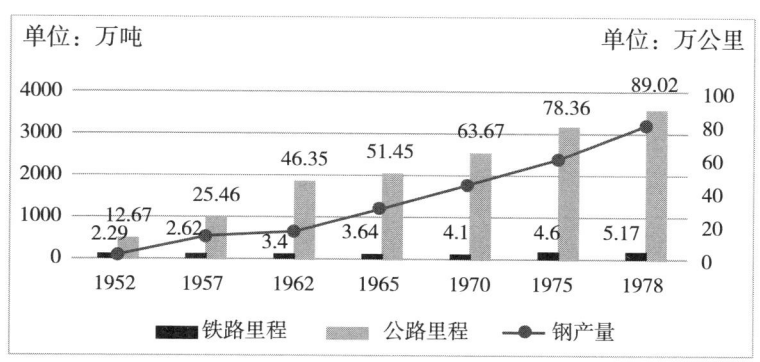

图 3　改革开放前中国的钢产量和交通建设情况

数据来源：《中国统计年鉴（1999）》。

---

① 以北京为例，北京的饮用水主要来自密云水库，密云水库建成于 1960 年，总库容在 1994 年达到历史高峰——43 亿立方米。

（三）积累了较高质量的人力资源，生成了改革开放后的人口红利。新中国成立之初，虽然中国的人口资源巨大，但文盲占总人口比重超过 80%，受过小学以上教育的人口不足 14%，受过中学以上教育的人口不足 1%，人均预期寿命只有 35 岁。①为解决高质量人力资源严重不足问题，中国政府在加大医疗和基础教育投入的同时，先后发起 4 次大规模的扫盲运动，1964 年中国人口文盲率降至 35% 以下，1979 年降至 25% 以下。这一方面促进了中国经济社会发展，另一方面也为改革开放以后经济的快速发展储备了大量质量较高的人力资源。1978 年后大量农民从土地中解放出来，开始涌入城市并形成了庞大的农民工群体。基于中国多年的扫盲运动，具备基本识字能力的农民就具有了在城市生存和接受技能培训的能力。农民工群体的出现解决了改革开放初期东南沿海劳动力严重短缺的问题。时至今日，这一群体仍然是推动中国经济发展的一支重要力量，依然是中国人口红利的重要来源。

（四）科学技术的迅猛发展为和平发展提供了环境保障。1964 年第一颗原子弹爆炸成功；1967 年第一颗氢弹爆炸成功；1970 年第一颗人造地球卫星"东方红一

---

① 国务院新闻办公室：《发展权：中国的理念、实践与贡献》，《人权》2017 年第 1 期。

号"成功发射；1971 年联合国大会通过第 2758 号决议，恢复中华人民共和国在联合国组织中的合法席位，中国成为联合国常任理事国；1975 年第一颗返回式遥感人造地球卫星试验成功；1980 年第一枚洲际导弹成功发射。这一系列成果的取得，奠定了中国在国际上的政治地位，并为中国发展赢得了相对和平的环境，直到今天依然受益。

（五）奠定了制度和思想基础。在改革开放前，我国建立并发展了社会主义根本制度，这是中国历史上最深刻最伟大的社会变革，为当代中国一切发展进步奠定了制度基础，也为中国特色社会主义制度的创新和发展提供了重要前提。在这一时期，中国对社会主义建设道路进行了艰辛探索，积累了丰富的经验，也留下了深刻的教训。无论是经验还是教训，都是宝贵财富，为改革开放时期和中国特色社会主义的开创和发展提供了重要的思想基础。正如习近平总书记所指出的："虽然这两个历史时期在进行社会主义建设的思想指导、方针政策、实际工作上有很大差别，但两者决不是彼此割裂的，更不是根本对立的。"①

---

① 《习近平谈治国理政》第 1 卷，外文出版社 2018 年版，第 22 —23 页。

三、计划经济体制向市场经济体制转变的理论与实践

既然计划经济体制发挥了如此大的作用，为什么还要进行改革，为什么还要建立社会主义市场经济体制？应该明确，我们肯定计划经济时期中国取得的成就以及这些成就对改革开放以来所取得的成就的重要意义，并不是要否定改革开放和社会主义市场经济体制。

计划经济体制在一定条件下取得了成功和对其进行系统改革并不矛盾。马克思设想的计划生产是建立在生产力高度发达基础上的自由人联合体的社会，但现实的社会主义是建立在经济技术水平落后、商品经济极不发达的基础上，无论是苏联还是中国都是如此。一般来说，人们对马克思揭示的建立在发达分工基础上的社会生产要保持一定比例关系这一经济规律并不否定，甚至对资本主义市场经济中自发实现这一规律所造成的社会财富的巨大浪费也不持否定态度。因此，经历了大危机和看到苏联计划经济取得成功后，资本主义从自由放任的市场经济走向了有国家干预的市场经济。

尽管如此，有很多人还是从本质上对计划经济体制持批评和否定态度，否定的理由是计划经济效率低下，一般认为它有两个缺陷。

一是信息搜寻、传递和处理的成本高。在分工比较发达的社会化大生产中，一方面生产可能性选择极多，另一方面消费结构十分复杂，千差万别且瞬息万变。生产者和消费者之间联系广泛而复杂，缺乏横向联系和有效的反馈机制，经济信息要通过计划体系内上级对下级命令和下级对上级报告纵向传输，传输距离大，通道狭窄，会有延误和拥塞，在传输过程中也可能因为环节太多发生信息扭曲；生产单位由于不能直接取得需求和技术信息，也不能对复杂多变的需求状况和技术变化作出灵活的反应。二是缺乏持久的激励机制。计划经济体制的突出特点是高度集中。国家把整个社会当作一个统一的经济组织，政府作为经济运行和资源配置的决策者和组织者，企业是其决策的执行者，是生产单位，是社会这个"大工厂"的一个"车间"，从属于政府部门。企业在很大程度上是一级行政组织，而不是经济组织，生产经营好坏没有相应的持久的激励和约束。

因此，从理论上说，通过计划实现有效率的按比例生产是需要条件的：一是技术高度发达，能够有效解决生产和需求之间的信息传递效率问题；二是人们能够自我激励，自我约束，自觉投入社会生产。这需要有高度发达的生产力和高度发展了的人（劳动成为第一需要）。现实的社会主义是在经济技术水平落后的国家首先取得胜利的，并不具备实行计划生产的土壤。现实情况是，建立在经济技术水平落后基础上的实行计划经济体制的社会主义国家，在建设初期都取得了巨大成功，为什么？一方面，正因为经济技术水平落后，无论是苏联还是中国，社会分工和商品经济不发达，生产结构简单，大规模的生产领域建设只能优先安排大工程大项目，任务明确，导向简单，无须复杂信息及其传导。而消费领域的生产只能优先满足基本生存需要，结构也非常简单，生产和需求关系的信息不对称也不是很突出。另一方面，在社会主义制度建立初期，新的社会制度对于个人来说就是最大的福利，当家做主人就是最大的激励，个人利益、单位利益（微观经济组织）和国家利益能够高度契合。

因此，我们的结论是：贫穷落后的大国在建立计划经济体制并推进工业化的前期，必须优先发展重工业，加强生产资料的生产，必须大规模进行重大基础设施建设，此时的生产建设任务明确简单，无须过于复杂的信息搜寻传导处理；劳动者成为主人翁所激发的政治热情也能够形成巨大的激励机制。因此，在这一阶段实行计划经济体制，既能够克服市场经济体制造成的生产无序、力量分散、社会资源浪费、两极分化等弊端，又能够集中力量办大事。这就是说，在计划经济初期或者说在工业化初期，贫穷落后的大国唯一正确的选择，就是实行计划经济体制，发挥集中力量办大事的优势，快速完成国民经济体系的基础性布局。实践表明，计划经济初期的苏联和中国完全符合这样的理论逻辑：苏联实行计划经济体制使其快速完成了工业化，中国实行计划经济体制同样创造了人类经济社会建设历史上的奇迹，也即新中国成立后的第一个奇迹。

但是，当条件发生变化即优先发展生产资料的生产转变为全面满足人民群众物质文化生活需要时，社会生产所需要的信息结构越来越复杂，信息需求量越来越大，信息来源也越来越分散，信息不充分不完善问题就越来越凸显，生产的效率就会出现递减趋势。与此同时，新建立的社会主义制度的激励效果也出现递减趋势，使得全社会劳动生产率在经过高涨阶段以后出现下降的现象，这就导致可能出现忽视商品生产、价值规律和市场的作用的现象，分配中平均主义严重，压抑企业和广大职工群众的积极性、主动性、创造性，使本来应该生机盎然的社会主义经济在很大程度上失去了活力。这时候，就必须推进市场导向改革，逐步建立起适应社会生产的中心任务转变，即从优先发展重工业转变为大力发展轻工业的社会主义市场经济体制。苏联和中国的实践经验同样符合这样的理论逻辑：苏联没有及时进行市场导向改革而归于失败，中国及时推进了市场导向改革而创造了经济发展的第二个奇迹。①

中国经济体制改革就是一场市场导向改革，是改革实践和理论不断深化的过程。1978 年开始的以"放权让利"为主要内容的改革的基本逻辑是：发展生产必须调动微观主体积极性，调动微观主体积极性就要放权让利。以家庭联产承包责任制为主要形式的农村改革使农业产出大幅度提高，促进了商品经济的发展，释放了农村劳动力，促进了乡镇企业和城镇化的发展。以增强活力为核心的企业改革，使传统的公有制企业向独立的商品生产者和经营者转变，进一步促进了市场体系和市场机制的建设，宏观经济管理也从直接调控为主向间接调控为主转变。

改革实践推动理论的发展。以往的理论认为，社会主义制度就是要实行计划经济体制，市场经济体制则是资本主义经济制度的根本属性，能否把市场经济体制确立为社会主义国家的改革目标，是存在争议的重大的理论和实践问题。

邓小平从根本上解除了把计划经济和市场经济看作

---

① 纵观新中国 70 多年经济建设的实践与成就，我们必须明确，中国人民在中国共产党的领导下，创造了两个奇迹：改革开放之前的奇迹和改革开放之后的奇迹，前者实现了中国历史上经济、政治、文化、社会翻天覆地的变革，后者带来了中国经济的快速发展和综合国力的极大提高。

属于社会基本制度范畴的思想束缚。[①] 实际上，社会主义制度建立以后，对于计划和市场的关系问题，人们从理论到实践始终在不断探索并试图解决，从 20 世纪 30 年代的兰格和哈耶克之间的论战到苏东 50 —60 年代的改革都是针对这一问题展开的。中国在 1992 年把社会主义市场经济体制作为改革目标，明确要使市场在社会主义国家宏观调控下对资源配置起基础性作用，同时强调市场经济和社会主义制度是兼容的。从此，中国开始了发展社会主义市场经济、建立和完善社会主义市场经济体制的波澜壮阔的历程，社会主义市场经济的发展也为中国带来了巨大的变化。

四、中国经济体制改革的理论解释

改革开放以来，中国经济体制发生了深刻的变化，社会主义市场经济体制已经建立并不断完善，公有制为主体、多种所有制经济共同发展的基本经济制度已经确立，统一开放竞争有序的市场体系不断健全，政府宏观

---

① 早在 1990 年 12 月，邓小平在同几位中央负责同志谈话时指出："我们必须从理论上搞懂，资本主义与社会主义的区分不在于是计划还是市场这样的问题。社会主义也有市场经济，资本主义也有计划控制。不要以为搞点市场经济就是资本主义道路，没有那么回事。计划和市场都得要。不搞市场，连世界上的信息都不知道，是自甘落后。"（《邓小平文选》第 3 卷，人民出版社 1993 年版，第 364 页。）

调控和治理能力不断提高。不断完善的体制机制为中国经济发展提供了动力机制和制度保障，中国经济取得了举世公认的发展成就。这些成就推动了中国经济实力、科技实力、国防实力、综合国力进入世界前列，推动我国国际地位实现前所未有的提升，为实现中国式现代化和中华民族伟大复兴奠定了坚实的经济基础。

当然，在改革和发展中还存在着许多问题，一些发展不平衡不充分的突出问题尚未解决，发展质量和效益还不高，创新能力不够强，实体经济水平有待提高，生态环境保护任重道远，民生领域还有不少短板，城乡区域发展和收入分配差距依然较大，群众在就业、教育、医疗、居住、养老等方面面临不少难题。

关于改革开放以来中国经济发展取得的成就和存在的问题，有两种观点值得注意：一种是把中国经济发展取得的成就完全归功于改革开放和市场经济体制，甚至全盘否定改革开放以前的建设和发展成就，把目前中国改革和发展中存在的问题归结为市场经济不彻底，认为中国全面深化改革必须实行"彻底的、真正的"市场经济。另一种是把中国经济发展取得的成就完全归功于我们始终坚持的传统社会主义，把中国改革和发展中的问题归结为过度的改革开放和市场化，认为中国全面深化改革必须强化社会主义计划控制。

市场经济体制并非中国独创，虽然发达国家在不断发展过程中市场经济体制发挥了重要作用，但使其"发达"的其他因素还有很多，诸如对国内劳动者的剥夺和对殖民地国家的掠夺等。发达国家的发达和发展中国家的不发达是一个过程的两面。在资本主义世界体系已经形成的条件下，单单实行市场经济体制显然不能解决发展问题。第二次世界大战结束后，大多数发展中国家和地区实行的都是市场经济体制，但并没有使它们实现从低收入国家到高收入国家的跨越，一些国家虽然进入了中等收入国家的行列，却陷入了所谓的"中等收入陷阱"。①

那么，能不能把中国经济体制改革和发展的成功完全归因于传统意义上的社会主义体制呢？显然也不能。因为中国40多年来正是因为改革了传统的经济体制，既发展了市场经济又保持了社会主义的制度属性，建立了新的体制机制才推动了经济社会的快速发展。40多年来，"市场经济"为中国经济发展提供了动力，增添了活力，"社会主义"为遵循经济规律提供了基本的制度保障。正因为如此，我们在经济发展中才没有出现大起

---

① 与同是发展中大国的印度相比，1980年中国经济总量与其相差无几，印度位居世界第12位，中国位居世界第13位，到了2016年，中国位居世界第2位，印度位居世界第7位，按美元汇率计算，中国与印度的GDP总量之比，1980年是1左右，2016年是5左右。本是社会主义国家彻底转型的俄罗斯，用了20年时间经济才恢复到解体前的水平，1992年中国GDP总量是俄罗斯的92%，2016年则是俄罗斯的8.7倍。

大落的周期性经济波动，甚至在 1997 年亚洲金融危机和 2008 年国际金融危机中也保持了基本稳定，没有出现大的震荡。

对中国经济体制改革和取得发展成就的原因有了客观认识，就不难解释中国经济改革和发展中存在的问题也是由两种体制造成的。客观地说，世界上没有一种体制只有优势没有弊端，或者只有弊端没有优势。计划经济体制和市场经济体制各自都有其突出优势，也都存在明显的弊端。全面深化改革的目标是坚持和完善中国特色社会主义制度，实现国家治理体系和治理能力现代化，其中，完善社会主义市场经济体制，既要发挥好市场的作用，又必须坚持社会主义经济制度。

五、结论与进一步的思考

最后，我们对本文的内容进行总结和思考。

第一，计划经济体制绝不是一无是处的，如果运用恰当就会发挥出巨大威力。从世界社会主义实践来看，计划经济体制极大促进了苏联和中国在社会主义基本经济制度确立初期的经济社会发展，奠定了各自工业化的基础，确立并维护了国家政治与社会层面的公平与正义，促进了人的全面发展。应该说，苏联和中国这两个大国在社会主义建设的初级阶段，充分发挥计划经济体制集中力量办大事的优势，各自创造了经济社会发展的奇迹。但是，计划经济体制在一定历史条件下所表现出的两个弊端即信息成本过大和激励机制衰减，都必须通过及时改革加以解决。

第二，市场经济体制也不是万恶之源。市场经济体制最大的优势是能够充分调动和激发社会主体的积极性和创造性，促进社会财富的快速增加。从中国改革开放的实践看，社会主义市场经济体制全面促进了经济社会发展，极大增强了综合国力，为中华民族伟大复兴提供了根本保障。但是，市场经济体制也存在一些弊端，市场的逻辑基础就是通过不断激发并满足人的私欲，调动社会成员的积极性、主动性、创造性，因此诸如贫富悬殊、生态环境恶化、文化伦理堕落甚至价值观倾覆等就会成为市场经济的副产品。我们必须清醒认识并严格管控，绝不能放之任之。

第三，一般来说，计划经济体制能够促进经济社会特别是人的全面发展，能够更好地体现社会主义制度的优越性。市场经济体制则能够更好地激发社会成员的私欲、活力和强大的社会创造力，从而促进经济快速发展，实现社会经济财富的快速积累和膨胀，为社会特别是人的全面发展奠定经济基础。贫穷落后的社会主义大国在工业化的初始阶段，必须尽快建立起独立完善的国民经济体系，特别是工业体系和农业体系，为进一步持续推进工业化、促进经济快速发展和社会全面进步奠定基础。在这个阶段，发展重工业、建设大项目是主要任务，最优选择是实行计划经济体制，既能够充分发挥其优势，又能够规避其弊端。在工业化中期和后期阶段，发展轻工业，大力满足人民群众物质文化生活需要，成为社会生产的主要任务。尽快满足多样的、多元的、快速变化的消费者的需求，最优选择就是实行市场经济体制。因此，理想的选择是先实行计划经济体制，再适时进行市场导向的经济体制改革，把计划经济体制改革为社会主义市场经济体制，这样的选择能够扬长避短，充分发挥计划经济体制和市场经济体制的优势，同时能够较好地回避两者的弊端。应当明确，改革时机的选择非常关键，既不能过早，也不能错失良机。中国的成功在于适时抓住了社会主义方向的市场化改革时机，苏联失败的原因之一是错过了社会主义方向的市场化改革时机。纵观百余年历史，马克思主义在中国落地，社会主义制度和计划经济体制在中国建立，改革开放事业和市场经济体制在中国推行，正是中华民族伟大复兴的最佳路径选择。

第四，如果能够比较好地克服弊端，计划经济体制综合来看比市场经济体制拥有更多的优越性。随着信息技术革命的推进，信息不充分、不完善、传递不及时的弊端会被很好地克服，管理中的激励相容程度也能够被很好地提高，计划经济体制的主要弊端最终会得到解决。

五年规划：中国式现代化的路径安排

尹　俊

北京大学习近平新时代中国特色社会主义思想研究院研究员，院长助理，研究方向为中国式现代化理论、习近平经济思想、管理现代化。

2021 年 3 月 11 日，第十三届全国人民代表大会第四次会议审查并批准了《中华人民共和国国民经济和社会发展第十四个五年规划和 2035 年远景目标纲要》（以下简称《“十四五”规划纲要》）。《“十四五”规划纲要》根据《中共中央关于制定国民经济和社会发展第十四个五年规划和二〇三五年远景目标的建议》编制，主要阐明国家战略意图，明确政府工作重点，引导规范市场主体行为，是我国开启全面建设社会主义现代化国家新征程的宏伟蓝图，是全国各族人民共同的行动纲领。

　　《“十四五”规划纲要》引起了国内外广泛关注，如何理解中国长期实施的五年规划制度，规划在中国国家治理体系中发挥什么样的作用，这些问题再度成为社会各界关注的热点。习近平总书记指出：“用中长期规划指导经济社会发展，是我们党治国理政的一种重要方式。……实践证明，中长期发展规划既能充分发挥市场在资源配置中的决定性作用，又能更好发挥政府作用。"①这一论述深刻指出规划是我国国家治理体系的重要组成部分，并科学概括了中国五年规划制度的独特优势。自新中国成立以来，我国已经编制实施 14 个五年规划（计划），其中改革开放以来编制实施 9 个，有力推动了经济社会发展、综合国力提升、人民生活改善，创造了世所罕见的经济快速发展奇迹和社会长期稳定奇迹。可以说，一部规划史，就是一部新中国的经济史。准确理解中国的五年规划制度，是理解中国共产党治国理政"制度密码"的重要视角。

一、五年规划是中国式现代化的路径安排

"实现中华民族伟大复兴，是近代以来中国人民最伟大的梦想。近代以来，在外国列强入侵和封建腐朽统治下，我国错失了工业革命的机遇，大幅落后于时代，中华民族也遭受了前所未有的苦难。鸦片战争之后，中

---

① 习近平：《正确认识和把握中长期经济社会发展重大问题》，《求是》2021 年第 2 期。

国人民和无数仁人志士不屈不挠，苦苦寻求中国现代化之路。孙中山先生的《建国方略》被称为近代中国谋求现代化的第一份蓝图，但在半殖民地半封建社会的条件下，中国现代化没有也不可能取得成功。"[1]

中国共产党一经诞生，就把为中国人民谋幸福、为中华民族谋复兴确立为自己的初心使命。中国共产党团结带领中国人民，浴血奋战、百折不挠，取得了新民主主义革命的伟大胜利，彻底结束了旧中国半殖民地半封建社会的历史，彻底结束了旧中国一盘散沙的局面，彻底废除了列强强加给中国的不平等条约和帝国主义在中国的一切特权，为把我国建设成为现代化强国、实现中华民族伟大复兴创造了根本社会条件。因此，新中国成立后，我国开始走向现代化之路。从本质上来看，党领导编制的五年规划就是中国式现代化的路径安排。

"从第一个五年计划到第十四个五年规划，一以贯之的主题是把我国建设成为社会主义现代化国家。"[2]

（一）社会主义革命和建设时期的五年规划制度

新中国成立之初，百废待兴，周恩来在第一届全国人民代表大会上所作的《政府工作报告》中就明确指

---

① 习近平：《论中国共产党历史》，中央文献出版社 2021 年版，第 302 页。
② 习近平：《论中国共产党历史》，中央文献出版社 2021 年版，第 304 页。

出："如果我们不建设起强大的现代化的工业、现代化的农业、现代化的交通运输业和现代化的国防，我们就不能摆脱落后和贫困，我们的革命就不能达到目的。"① 实现这个目标应该怎么做呢？

当时世界上有三种方式参考：一是英美式的，先发展轻工业积累大量资本，然后发展重工业；二是德日式的，政府投资重工业，民间投资轻工业，二者并重；三是苏联式的，优先发展重工业，短时期内建立独立完整的工业体系。当时，考虑到美帝国主义的战争威胁、西方资本主义国家的经济封锁，我国决定借鉴苏联模式、争取苏联援助，确定优先发展重工业的战略，快速实现工业化，增强综合国力和军事力量，抵御外敌威胁。

毛泽东将这个战略概括为：重点是用一切方法挤出钱来建设重工业和国防工业。他生动描述了中国工业的现状："现在我们能造什么？能造桌子椅子，能造茶碗茶壶，能种粮食，还能磨成面粉，还能造纸，但是，一辆汽车、一架飞机、一辆坦克、一辆拖拉机都不能造。"② 他还称赞优先发展重工业的战略是为人民的长远利益的"大仁政"，说："现在，我们施仁政的重点应当放在建设重工业上。要建设，就要资金。所以，人民

① 《周恩来选集》下卷，人民出版社 1984 年版，第 132 页。
② 《毛泽东文集》第 6 卷，人民出版社 1999 年版，第 329 页。

的生活虽然要改善，但一时又不能改善很多。就是说，人民生活不可不改善，不可多改善；不可不照顾，不可多照顾。照顾小仁政，妨碍大仁政，这是施仁政的偏向。"[1] 在当时的历史条件下，面对极其落后的状况和争先恐后发展的国际环境，中国从领袖到普通群众，都有着急切要求改变落后面貌，急切要求赶超世界发达国家的迫切心情。

"一五（1953—1957）"计划从 1951 年开始制定，草案数易其稿，终于在 1955 年得到确定。"一五"计划的建设任务实际上从 1953 年便开始执行实施了，并获得了苏联的援助。根据《关于苏维埃社会主义共和国联盟政府援助中华人民共和国中央人民政府发展中国国民经济的协定》，苏联援助中国新建和改建工业项目，包括钢铁、有色冶金、煤矿、石油炼油企业、重型机器、汽车、拖拉机制造厂、动力机器及电力机器制造厂、化工厂、火力发电站等，还有若干国防工业企业。这些项目，后来被统称为"156 项工程"。"一五"时期，国家用于经济建设的投资总额达 766 亿元，这是中国历史上空前的投资举动。经过 5 年的艰苦奋斗，至 1957 年底，"一五"计划的各项指标都大幅超额完成，取得了令世

---

① 中共中央文献研究室编，逄先知、金冲及主编：《毛泽东传（1949—1976）》上卷，中央文献出版社 2003 年版，第 275 页。

人瞩目的辉煌成就。"一五"时期，我国所取得的工业生产成就，远远超过此前的 100 年。这一时期，也是 1978 年以前中国经济效益最好的时期。

"二五（1958 — 1962）"计划经历了大起大落。1955 年 8 月，"一五"计划正式颁布不到一个月，中共中央便已经开始考虑制定"二五"计划。意想不到的是，"一五"计划取得的巨大成果，也使得党内开始出现忽视研究、把握经济发展规律的现象，进而在经济建设上表现出"左"倾冒进。在此背景下，"二五"计划从制定到实施，经历了许多波澜和坎坷，最终也未能正式颁布。1958 年至 1960 年的"大跃进""人民公社化"和"反右倾"运动，造成国民经济主要关系比例失调，加上三年自然灾害，国民经济大起大落。党中央及时提出国民经济"调整、巩固、充实、提高"的八字方针，国民经济在 1962 年底开始明显好转。不过这一时期教育、卫生、文化、体育等事业成就相当可观，尤其是严重危害人民健康的天花、霍乱、麻风病等疾病或被灭绝，或得到有效防治。

1964 年 12 月，周恩来在第三届全国人民代表大会第一次会议上所作的《政府工作报告》中提出："从第三个五年计划开始，我国的国民经济发展，可以按两步来考虑：第一步，建立一个独立的比较完整的工业体系和国民经济体系；第二步，全面实现农业、工业、国防和科学技术的现代化，使我国经济走在世界的前列。"[①] 根据这一部署，从"三五"到"五五"，我们党领导人民用三个五年计划的时间，建立起独立的比较完整的工业体系和国民经济体系，有效维护了国家主权和安全，我国社会主义建设事业迈出了坚实步伐。

"三五（1966—1970）"计划经历了从关注"吃穿用"到以备战为中心的转变。从1963年起，中国便开始考虑"三五"计划的编制问题。原定目标是集中力量解决人民的吃、穿、用问题，后根据形势变化，迅速开展三线建设，加强战备。1966年本应是"三五"计划的开局之年，然而，整个社会动荡不安，经济的运行更是十分艰难。1967年、1968年工业生产连续下降，不仅使国家陷入极端困难的境地，也使"三五"计划有完全落空的危险。党中央采取强有力的措施整顿生产秩序，恢复和加强各地的领导班子及经济计划部门，甚至派出军队参与接管，严令限期完成一批被停顿的"三五"计划重点工程，经济领域的困难局面得到缓解。随后，一批重点项目便重新上马。1969年起，国民经济开始缓慢复苏，扭转了工业生产连续下降的不利局面。由于1969年、1970年国民经济的较快发展，"三五"计划规定的

---

① 《周恩来选集》下卷，人民出版社1984年版，第439页。

各项指标大部分得以完成。这一时期，相继建成了成昆铁路、湘黔铁路、襄渝铁路等，建设了丹江口、葛洲坝、乌江等大中型水电站。三线建设很大程度上改变了中国工业布局不平衡的状况，建设了第二汽车制造厂、攀枝花钢铁厂、山东兖矿等工业企业和大型煤矿。国防和科技战线成果显著，成功发射第一颗人造地球卫星"东方红一号"，启用第一套全自动长途电话设备等。

"四五（1971—1975）"计划经历了"三个突破"与两次调整。在当时的背景下，很多人误以为只要"抓革命"，就能"促生产"，因此"四五"计划在编制、实施过程中，又出现盲目追求高速度和高指标的现象。职工人数、工资支出、粮食销售量均大大突破预定计划，导致国家财力、物力的高度紧张，农业劳动力减少，引发粮食供应的紧张。经过周恩来1972年和邓小平1975年主导的两次调整，国民经济由停滞、下降迅速转向回升。这一时期，中美两国关系开始走向正常化，中华人民共和国在联合国的一切合法权利得到恢复。国务院批准国家计委《关于增加设备进口、扩大经济交流的请示报告》，确定从国外大规模引进成套设备和单机，武钢一米七轧机、北京石化总厂、辽阳石油化纤厂等一批重点工程开始施工建设。第一艘核潜艇建成并完成试航。第一次把人口控制指标纳入国家计划，首次召开全国环境保护会议，开始制定农村普及教育战略目标等。

"五五（1976 — 1980）"计划经历了伟大历史转折。"五五"计划的制定始于 1974 年，经中共中央政治局和国务院讨论修改，1975 年形成《一九七六年到一九八五年发展国民经济十年规划纲要（草案）》。"五五"计划没有独立文本，全部内容都包含在这份十年规划纲要草案之中。1977 年对这份十年规划纲要草案进行了修订，但指标过高，超过国家财力和物力所能承受的限度。在经历 1979 年、1980 年的两年调整后，取得了不小的成绩，一些重大比例关系开始向着合理方向发展，经济生活开始活跃起来，人民生活有所改善。这一时期，党的十一届三中全会作出实行改革开放的历史性决策，实现了伟大的历史转折。农村改革序幕揭开，家庭联产承包责任制从初步推行阶段进入大发展阶段。企业自主经营权改革试点逐步扩大，城市经济体制改革初步展开。这一时期还探索引进外资的政策措施和方法，国家决定建立深圳、珠海、汕头、厦门四个经济特区。教育科技战线的面貌发生显著变化，知识和知识分子重新受到重视，强调科学技术是生产力，正式恢复高考。

（二）改革开放和社会主义现代化建设新时期的五年规划制度

改革开放以后，邓小平提出"三步走"战略，即第一步，到 1990 年实现国民生产总值比 1980 年翻一番，解决人民的温饱问题；第二步，到 20 世纪末，使国民生产总值再增长一倍，人民生活达到小康水平；第三步，到 21 世纪中叶，人均国民生产总值达到中等发达国家水平，人民生活比较富裕，基本实现现代化。根据这一部署，我国一个五年接着一个五年，进入了快速现代化建设的时期。

从 1975 年开始，"六五（1981—1985）"计划前后编制了三次，经过多轮调整、修订，于 1982 年 12 月 10 日经五届全国人大五次会议审议通过。此时，"六五"时期已过去两年。然而，这毕竟是改革开放后编制、公布的"五年计划"，表明中国经济建设走上了健康发展的轨道。当《人民日报》上公开发布"六五"计划的内容时，引起强烈关注。这是继"一五"计划后又一个比较完备的五年计划。这一时期，中国经济经过充分调整后，开始迅速增长，广大农民的生产积极性极高，长期以来困扰中国的温饱问题逐步得到解决。"六五"时期是中国经济迅速发展和取得重大成就的时期，也是新中国成立以来发展最快的时期之一。

1983 年开始，国务院便着手准备"七五（1986—1990）"计划的编制工作，当时各地区、各部门为了实现翻一番，纷纷要求在"七五"时期扩大建设规模。"七五"开局之初，中央就提出要执行"巩固、消化、补充、改善"的八字方针，着力控制固定资产投资和消费基金增长过快的现象。这一时期，面对外部压力和内部困难，党团结带领全国各族人民，经过治理整顿，取得了来之不易的重大成就，提前实现国民生产总值比 1980 年翻一番的第一步战略目标。改革的重点从农村转到城市，围绕增强企业活力这个中心推进各方面改革，改变了束缚生产力发展的体制格局，促进了有计划商品经济的发展。对外开放规模和领域不断扩大，进出口贸易总额大幅增长，利用外资和引进新技术取得较大进展，在全国形成了逐步推进的对外开放格局。

"八五（1991—1995）"计划制定初期，目标制定较为保守。"八五"计划实施中期，1992 年初邓小平南方谈话后，带来了新一轮思想大解放，再加上建立社会主义市场经济体制的改革目标的确立，极大地激发了经济活力，于是在 1993 年大幅度调高了原来制定的增长速度。这一时期，我国改革开放和社会主义现代化建设进入了新的发展阶段，社会生产力、综合国力、人民生活水平上了一个新台阶。国民生产总值年均增长 12%，是新中国成立以来增长最快、波动最小的五年，提前五年实现国民生产总值比 1980 年翻两番。经济体制改革取得突破性进展，确立了建立社会主义市场经济体制的基本框架，市场在资源配置中的基础性作用不同程度得到发挥，粮食和食用油实现敞开供应，粮票退出历史舞台。对外开放总体格局基本形成，五年累计进出口总额超过 1 万亿美元，外贸进出口额位居世界第 11 位，利用外资额位居世界第二位。通信、汽车、电子、石化等重要产业引进了一批先进技术，一些重要产业的技术装备达到了 20 世纪 80 年代末的国际水平。基础设施建设步伐明显加快，长江三峡、黄河小浪底工程相继开工，引大入秦工程如期建成。国防科技和国防工业现代化步伐进一步加快，军转民在核电、民用卫星、民用船舶、卫星发射、民用飞机制造等方面取得重大进展。

由于"八五"时期提前实现了第二个翻一番目标，1997 年 9 月，党的十五大将第三步战略目标进一步细分为三步，并提出了具体的时间表，形成了"新三步"战略目标，完整表述是：第一个 10 年实现国民生产总值比 2000 年翻一番，使人民的小康生活更加宽裕，形成比较完善的社会主义市场经济体制；再经过 10 年的努力，到建党 100 年时，使国民经济更加发展，各项制度更加完善；到 21 世纪中叶新中国成立 100 年时，基本实现现代化，建成富强民主文明的社会主义国家。其中第二步和第三步，就是"两个一百年"奋斗目标。另外，由于"三步走"战略把第一步和第二步合为一个总目标——建设小康社会，因此"新三步"发展战略的第一步和第二步也合为一个大目标——全面建设小康社会。

"九五（1996—2000）"计划是社会主义市场经济条件下编制的第一个五年计划。1996年，"九五"计划开局良好——通货膨胀大为缓解，主要宏观经济指标都表现良好。出乎意料的是，1997年下半年，东南亚一些国家爆发金融危机，很快便波及整个亚洲和世界其他地区，造成国际金融市场持续动荡，严重冲击了世界经济。中国外贸进出口总额呈下降趋势，经济发展遇到严重挑战。外贸出口增幅从1996年的20%急剧下跌至0.5%，利用外资额也跌至20年来的最低点。1998年上半年，国内消费品零售市场已经没有供不应求的商品，呈现出通货紧缩的趋势；企业开工不足，工业经济下滑，投资减速，消费乏力，失业增加。面对错综复杂的国内国际环境，党团结带领全国各族人民，成功实现经济"软着陆"后，实行扩大内需方针，果断实施积极的财政政策和稳健的货币政策，抑制了通货紧缩趋势，克服了亚洲金融危机和国内有效需求不足带来的困难，国民经济和社会发展取得巨大成就，人民生活总体达到小康水平。国内生产总值首次突破1万亿美元大关。主要工农业产品产量位居世界前列，商品短缺状况基本结束，粮食等主要农产品供给实现了由长期短缺到总量基本平衡、丰年有余的历史性转变；工业结构调整取得积极进展，淘汰落后和压缩过剩工业产能取得成效；基础设施瓶颈制约得到缓解。国有大中型企业改革和脱困的三年目标基本实现，调整和完善所有制结构取得重大进展。全方位对外开放格局基本形成，对外贸易和利用外资规模持续扩大，外贸进出口总额位居世界第八位。祖国和平统一大业取得历史性进展，香港和澳门相继回归。

21世纪头20年，对我国来说，是一个必须紧紧抓住并且可以大有作为的重要战略机遇期。"十五（2001—2005）"计划是新世纪的第一个五年计划，因此有许多新思路。比如，从"十五"计划开始，规划的宏观指导性进一步增强，不再是一个包罗万象无所不能的规划。此外，还第一次提出要编10个重点专项规划，包括城镇化、西部大开发、信息化专项等。这一时期，面对复杂多变的国际形势，党团结带领全国各族人民，成功摆脱了20世纪末亚洲金融危机带来的严重冲击，有效抑制经济运行中出现的不稳定不健康因素，成功战胜非典疫情和重大自然灾害的挑战，从容应对加入世界贸易组织后的新变化，国民经济持续较快发展，工业化、城镇化、市场化、国际化步伐加快，经济体制改革不断深化，对外贸易迈上新台阶，国家财政收入大幅增加，城乡人民生活进一步改善，各项社会事业取得新进步。综合国力明显增强，国内生产总值上升为世界第四位，主要工农业产品产量位居世界前列，科教兴国战略稳步实施。新型流通方式、新业态快速发展，信息、咨询、金融、旅游等现代服务业迅速成长。西部大开发扎实推进，东北地区等老工业基地振兴战略顺利启动，促进中部地区崛起的战略开始部署。对外开放水平全面提高，全面履行"入世"承诺，平均关税水平由 2000 年的 16.7% 降到 9.9%。外贸进出口创下改革开放以来最快增速，外贸进出口总额世界排名上升至第三位。

从"十一五（2006—2010）"规划开始，五年计划正式改名为五年规划，中国的规划制度逐步进入科学化的阶段。"十一五"规划有 11 个首次。一是首次制定前对上一个五年开展中期评估的规划。规划制定前，对"十五"计划实施情况进行了中期评估。二是首次"全球买脑"的规划。采取公开招标的方式，组织国内研究机构和世界银行等国际组织，对 160 个重大专题进行研究。三是首次正式审议前由人大代表初审的规划。十届全国人大四次会议召开前，印发到各地，请各地人大代表进行初审。四是首次附有专家论证报告的规划。起草过程中，组织由 37 位各领域专家参加的专家委员会，对《规划纲要（草案）》进行咨询论证。论证报告随《规划纲要（草案）》一起上报全国人民代表大会。五是首次提出约束性指标的规划。六是首次采取正文加专栏形式的规划。正文更加简洁，指标、工程更加清晰，也凸显了落实规划的抓手。七是首次服务业单独成篇的规划。其最直接目的在于优化经济结构，扩大就业。八是首次提出缩小地区差距新内涵的规划。九是首次在全国划分出四大功能区（粮食、生态、城镇化、能源）的规划。对于不同的功能区，实施不同的政策和考核指标。十是首次划定政府公共服务领域的规划。涉及义务教育、公共卫生、社会保障、社会救助、促进就业、减少贫困、防灾救灾、公共安全、公共文化等 11 个方面。十一就是首次使用"规划"一词。"十一五"时期，面对国内外环境的复杂变化和重大风险挑战，党团结带领全国各族人民，充分发挥我国社会主义制度政治优势，充分发挥市场在资源配置中的基础性作用，使国家面貌发生新的历史性变化。有效应对国际金融危机巨大冲击，保持了经济平稳较快发展良好态势，应对了四川汶川特大地震等重大自然灾害，成功举办北京奥运会、上海世博会和广州亚运会。综合国力大幅提升，经济总量由"十五"期末的世界第四位跃升至第二位，人均国内生产总值超过 4000 美元。基础设施支撑作用明显加强，建设完成青藏铁路、"五纵七横"国道主干线等一批重大交通基础设施。创新能力建设成效显著，突破了一批前沿、核心技术和关键装备技术，高速铁路整体技术达到国际领先水平。人民生活明显改善，城乡居民收入增长是改革开放以来最快的时期之一，社会保障体系逐步健全。重要领域和关键环节改革迈出新步伐，农业税全面取消。开放型经济水平加快提升，外贸出口和进口规模分别升至世界第一位和第二位，外商直接投资实际使用金额首次突破千亿美元，非金融类对外直接投资全球排名跃升至第五位，外汇储备规模首次位居世界第一。社会主义经济建设、政治建设、文化建设、社会建设以及生态文明建设取得重大进展。

2010 年开始，本世纪第二个 10 年启动，全面建设小康社会正步入具有决定意义的新阶段。相比之前的五年规划，"十二五（2011—2015）"规划起草工作在前期准备上更早、更充分、发动的面更宽，更注重倾听各方面意见。早在 2008 年，国家发展改革委就"十二五"规划前期重大课题研究在全社会公开招标，并委托世界银行、亚洲开发银行进行相关研究。在中央政治局常委会直接领导下，"十二五"规划的编制过程更为科学民主，是科学决策、民主决策、统一全党认识、形成社会共识的过程。"十二五"时期是全面建设小康社会的关键时期，是深化改革开放、加快转变经济发展方式的攻坚时期。这一时期，面对错综复杂的国际环境和艰巨繁重的国内改革发展稳定任务，党团结带领全国各族人民顽强拼搏、开拓创新，奋力开创了党和国家事业发展新局面。妥善应对国际金融危机持续影响等一系列重大风险挑战，适应经济发展新常态，不断创新宏观调控方式，推动形成经济结构优化、发展动力转换、发展方式转变加快的良好态势。经济总量稳居世界第二位。经济结构出现转折性变化，消费对经济增长的拉动作用首次超过投资，第三产业增加值占国内生产总值比重首次超过第二产业，城镇化率首次超过 50%。基础设施水平全面跃升，高速铁路运营里程位居世界首位。科技创新能力明显增强，载人航天、探月工程、超级计算等战略高技术领域取得重大突破。对外开放成绩显著，货物进出口总额和对外投资首次跃居世界第一位。公共服务体系基本建立，新增就业持续增加，贫困人口大幅减少，生态文明建设取得新进展，人民生活水平和质量加快提高。全面深化改革有力推进，发布《中共中央关于全面深化改革若干重大问题的决定》，提出了全面深化改革的指导思想、目标任务、重大原则，描绘了全面深化改革的新蓝图、新愿景、新目标，合理布局了深化改革的战略重点、优先顺序、主攻方向、工作机制、推进方式和时间表、路线图，汇集了全面深化改革的新思想、新论断、新举措，是我们党在新的历史起点上全面深化改革的科学指南和行动纲领。全方位外交布局深入开展，实施共建"一带一路"倡议，发起设立亚投行、新开发银行和丝路基金。全面从严治党开创新局面，党风廉政建设成效显著。

（三）新时代的五年规划制度

党的十八大以来，中国特色社会主义进入新时代，中华民族迎来了从站起来、富起来到强起来的伟大飞跃。"十三五（2016—2020）"时期是全面建成小康社会、实现我们党确定的"两个一百年"奋斗目标的第一个百年奋斗目标的决胜阶段。制定和实施好"十三五"规划，阐明党和国家战略意图，明确发展的指导思想、基本原则、目标要求、基本理念、重大举措，描绘好五年国家发展蓝图，事关全面建成小康社会、全面深化改革、全面依法治国、全面从严治党战略布局的协调推进，事关我国经济社会持续健康发展，事关社会主义现

代化建设大局。"十三五"规划建议起草组规格进一步
提高，由习近平总书记担任组长，李克强同志、张高丽
同志担任副组长，有关部门和地方负责同志参加，在中
央政治局常委会领导下承担建议稿起草工作。2015 年，
党的十八届五中全会通过了《中共中央关于制定国民经
济和社会发展第十三个五年规划的建议》。2016 年，第
十二届全国人民代表大会第四次会议审查并通过了国务
院提出的《中华人民共和国国民经济和社会发展第十三
个五年规划纲要》。

　　"十三五"时期，面对错综复杂的国际形势、艰巨
繁重的国内改革发展稳定任务特别是新冠疫情严重冲
击，以习近平同志为核心的党中央不忘初心、牢记使
命，团结带领全党全国各族人民砥砺前行、开拓创新，
奋发有为推进党和国家各项事业。全面深化改革取得
重大突破，全面依法治国取得重大进展，全面从严治
党取得重大成果，国家治理体系和治理能力现代化加
快推进，中国共产党领导和我国社会主义制度优势进
一步彰显；经济实力、科技实力、综合国力跃上新的
大台阶，经济运行总体平稳，经济结构持续优化，我
国 GDP 突破 100 万亿元，人均 GDP 超过 1 万美元，
实现了 2020 年的 GDP 和人均 GDP 比 2010 年翻一番；
脱贫攻坚成果举世瞩目，5575 万农村贫困人口实现脱

贫；粮食年产量连续五年稳定在 1.3 万亿斤以上；污染防治力度加大，生态环境明显改善；对外开放持续扩大，共建"一带一路"成果丰硕；人民生活水平显著提高，高等教育进入普及化阶段，城镇新增就业超过 6000 万人，建成世界上规模最大的社会保障体系，基本医疗保险覆盖超过 13 亿人，基本养老保险覆盖近 10 亿人，新冠疫情防控取得重大战略成果；文化事业和文化产业繁荣发展；国防和军队建设水平大幅提升，军队组织形态实现重大变革；国家安全全面加强，社会保持和谐稳定。

党的十九大站在新的更高的历史起点上，对实现第二个百年奋斗目标作出分两个阶段推进的战略安排，提出到 2035 年基本实现社会主义现代化，到 21 世纪中叶把我国建成富强民主文明和谐美丽的社会主义现代化强国。"十四五（2021—2025）"时期是我国在全面建成小康社会、实现第一个百年奋斗目标之后，乘势而上开启全面建设社会主义现代化国家新征程、向第二个百年奋斗目标进军的第一个五年。在"两个一百年"历史交汇点上，将"十四五"规划与 2035 年远景目标统筹考虑，对动员和激励全党全国各族人民，战胜前进道路上各种风险挑战，为全面建设社会主义现代化国家开好局、起好步，具有十分重要的意义。"十四五"规划建议起草组延续了"十三五"的高规格配置，习近平总书记担任组长，李克强同志、王沪宁同志、韩正同志担任副组长，有关部门和地方负责同志参加，在中央政治局常委会领导下承担建议稿起草工作。

"十四五"规划编制的一个重要特点是坚持发扬民主、开门问策、集思广益。从 2020 年 7 月下旬到 9 月下旬，习近平总书记先后主持召开企业家座谈会、扎实推进长三角一体化发展座谈会、经济社会领域专家座谈会、科学家座谈会、基层代表座谈会、教育文化卫生体育领域专家代表座谈会，当面听取各方面对制定"十四五"规划的意见和建议。2020 年 8 月 16 日至 29 日，"十四五"规划编制工作实现网上征求意见，这也是五年规划（计划）历史上的首次。广大人民群众踊跃参与，留言 100 多万条，有关方面从中整理出 1000 余条建议。2020 年，党的十九届五中全会通过了《中共中央关于制定国民经济和社会发展第十四个五年规划和二〇三五年远景目标的建议》。2021 年，第十三届全国人民代表大会第四次会议审查并批准了《中华人民共和国国民经济和社会发展第十四个五年规划和 2035 年远景目标纲要》。

"十四五"时期经济社会发展的主题是推动高质量发展，这是根据我国发展阶段、发展环境、发展条件变化作出的科学判断。我国仍处于并将长期处于社会主义初级阶段，我国仍然是世界上最大的发展中国家，发展仍然是我们党执政兴国的第一要务，但新时代新阶段的发展必须贯彻新发展理念、构建新发展格局，必须是高质量发展。当前，我国社会主要矛盾已经转化为人民日益增长的美好生活需要和不平衡不充分的发展之间的矛盾，发展中的矛盾和问题集中体现在发展质量上，必须把发展质量问题摆在更为突出的位置，着力提升发展质量和效益。"十四五"规划还明确了构建以国内大循环为主体、国内国际双循环相互促进的新发展格局。新发展格局不是封闭的国内循环，而是开放的国内国际双循环。构建新发展格局，是与时俱进提升我国经济发展水平的战略抉择，也是塑造我国国际经济合作和竞争新优势的战略抉择。

总的来看，从1953年开始的"一五"计划，到2021年开启的"十四五"规划，中国的规划制度经历了从探索到改革、再到科学发展的三个阶段。"一五"到"五五"是规划制度的探索时期，虽然规划制度经历了曲折，但是我国在规划制度的探索中积累了大量的经验，并初步形成了独立的、比较完整的工业体系和国民经济体系。"六五"到"十五"是规划制度的改革时期，这个时期我国处于计划经济体制向市场经济体制的改革转轨阶段，成功实现了党的十三大提出的"三步走"战略的前两步目标，我国规划制度特色初显，程序逐步规范。"十一五"至今是规划制度的科学发展时期，这个时期我国正式将"计划"改名为"规划"，在五年规划制度的指引下，我国经济社会取得了举世瞩目的成就，成功实现了从富起来到强起来的伟大飞跃。为了便于记忆，笔者写了一首《规划》打油诗，回顾 14 个五年规划（计划）的伟大历程。

中国规划七十年，探索改革成科学。

"一五"计划苏联助，工业投资超空前（1953—1957）。

"二五"计划急求成，八字调整勇纠偏（1958—1962）。

"三五"计划吃穿用，备战备荒建三线（1966—1970）。

"四五"计划盲目高，经济整顿复生产（1971—1975）。

"五五"计划历转折，工业体系初健全（1976—1980）。

"六五"计划提改革，实事求是纠"左"偏（1981—1985）。

"七五"计划达温饱，计划市场找界限（1986—1990）。

"八五"计划定体制，市场改革活力现（1991—1995）。

"九五"计划稳宏观，国企改革有新颜（1996—2000）。

"十五"计划入世贸，结构改革成主线（2001—2005）。

规划典范"十一五"，集思广益创新编（2006—2010）。

两个大局"十二五"，全面深改新局面（2011—2015）。

全面小康"十三五"，抗疫脱贫新理念（2016 —2020）。

三新一高"十四五"，中国治理谱新篇（2021 —2025）。

二、从比较经济史视角理解中国五年规划制度

（一）世界规划的兴衰

从世界经济的历史大视野来看，规划制度并非中国独有，许多国家都实施过各种形式的规划制度，但实施效果却参差不齐，尤其是能像中国一样长期坚持并取得重大发展成就的很少。比较我国与其他国家的规划制度与历程，可以更好地理解我国的五年规划制度，理解中国国家治理体系的制度优势。

从理论上看，德国历史学派奠基人弗里德里希·李斯特是倡导国家规划的先驱者之一，其名著《政治经济学的国民体系》（1841 年出版）写道："风力会把种子从这个地方带到那个地方，因此荒芜原野会变成稠密森林，但是要培植森林因此就静等着风力作用，让它在若干世纪的过程中来完成这样的转变，世上岂有这样愚蠢的办法？如果一个植林者选择树秧，主动栽培，在几十年内达到了同样目的，这倒不算是一个可取的办法吗？历史告诉我们，有许多国家，就是由于采取了那个植林

者的办法，胜利实现了它们的目的。"马克思主义理论家是国家规划理论的重要奠基者。马克思认为资本主义的不足是其盲目性，因此社会主义需要有组织的方式。后来，列宁首次提出国家规划的概念。

从实践上看，现代国家规划制度的雏形最早出现在第一次世界大战期间，如德国制定了全国性的经济规划制度，目的是在战争期间迅速管理和配置非常稀缺的战略物资资源。联共（布）第十六次代表大会上制定并通过了苏联 1928 — 1932 年国民经济计划，这标志着五年规划制度在全世界的诞生。苏联通过两个五年规划，初步建起了独立的比较完整的国民经济体系，实现了以重工业为主的工业化，工业总产值迅速跃升至欧洲第一、世界第二。

由于苏联的巨大成功，五年规划制度被许多发展中国家视为通往工业化道路的灵丹妙药。于是，20 世纪 30 年代后，世界上出现了席卷全球的计划化浪潮，约占世界总人口 1/3 的国家采用了计划经济体制，大部分模仿了苏联的五年规划制度。受经济大萧条和凯恩斯主义的影响，美国也于 1934 年成立了国家规划委员会，通过制定规划推动联邦项目的实施，取得了积极成效。

第二次世界大战后，规划制度进入鼎盛时期。许多战后国家由于面临物资和资源的紧缺，都引入了中央计划体系，由政府对经济进行干预，以更加理性地管理资本和市场。比如，法国和日本引入了宏观经济规划，法国成立了国家计划委员会，日本成立了经济企划厅，荷兰、挪威、比利时、英国、意大利和丹麦等国家也纷纷效仿。此外，大部分非洲国家从殖民统治下解放以后都选择了规划制度，这一时期在世界各个国家勃兴的规划制度被世界银行称为一项改变世界经济版图的伟大人类实验。

然而好景不长，从 20 世纪 60 年代开始，规划制度开始出现危机，尤其是 20 世纪 70 年代非洲的发展规划总体上宣告失败，世界逐渐出现了去计划化的浪潮。随后苏联和东欧开始了规划制度的改革，主要是以"滚动"年度计划的方式增强规划的灵活性。然而随着苏联解体、东欧剧变，1991 年 4 月，已存在 70 年的苏联国家计委被撤销，宣告了五年规划制度在苏联的终结。随着社会主义国家开始从计划经济向市场经济转型，在此过程中，大部分国家都抛弃了计划体制，并且是"倒脏水时把孩子一起倒掉"式抛弃了规划制度，只有少数几个国家保留了下来。与此同时，在全球新自由主义思潮的影响下，美国、欧洲和东亚等国家和地区也逐步取消了规划制度。于是，世界银行在 1996 年的年度报告《从计划到市场》对规划作出了总结评价："这种制度远不像表面上看起来那么稳定，其原因是计划方式内在的低效率是无处不在的"，而且"随着时间的推移，计划方式的深层次低效率日益凸显出来"。

直到 2008 年全球经济危机以后，规划在发展中国家又迎来了新的兴起。这主要来自中国奇迹的示范效应。中国经济在 2008 年全球经济危机中表现出巨大的韧性和弹性，一大批非洲、拉美的发展中国家在学习中国经验时重新认识到规划的重要作用，并模仿中国经验或邀请中国的专家机构帮助他们国家制定中长期发展规划。

（二）西方规划理论的反思

巧合的是，在 2007 年，也就是规划制度在全球第二次兴起的前一年，美国著名智库凯托学会的高级研究员兰德尔·奥图尔写了一本书，书名是 *The Best-Laid Plans：How Government Planning Harms Your Quality of Life，Your Pocketbook，and Your Future*，意思是政府制定的看上去最周密的规划：如何损害了你的生活质量、你的钱袋和你的未来。2016 年，这本书被翻译为中文，书名叫《规划为什么会失败》。这本书研究了美国的规划，归纳了规划制度失败的两个原因：一是信息问题，即规划编制者收集信息和预测未来的能力是有限和片面的，没有人能够收集到所有信息和数据，并在持续变化的环境中对未来进行预测和安排；二是激励问题，即规划编制者和实施者是不同的主体，必然存在委托代理问题。这本书出版之后，有了很大的影响，一些发达国家的学者认为，计划经济的计划英文是 plan，规划的英文也是 plan，所以规划其实就是披着马甲的计划经济，而计划经济已经被实践证明是低效率的。这样来看，规划没什么好处，反而有坏处，所以应该放弃规划。事实上，当时世界上还采用五年规划制度的国家也没几个。对于这种说法，马克思有一个很形象的比喻，他这个比喻是形容费尔巴哈的，费尔巴哈在批判黑格尔唯心论的同时把他的辩证法也一并抛弃了。马克思将费尔巴哈比喻为一个糊涂的老太婆，倒洗澡水脏水的时候把孩子也一起倒掉了。

实践是检验真理的唯一标准，如果规划没有什么作用，甚至像兰德尔·奥图尔所说还会损害我们的福利，那中国为什么从"一五"到"十四五"一直在作规划呢？而且实践证明，在一个五年接着一个五年的接力赛下，中国的五年规划制度是非常成功的。不仅如此，2008年以后，中国的规划制度为许多发展中国家提供了重要的示范，也帮助这些发展中国家实现了经济的快速发展。笔者曾经在国家开发银行规划局工作过，曾作为专家组成员为吉布提、坦桑尼亚、乌干达等国家做过国家规划咨询或者国家规划合作。

举一个印象比较深刻的规划案例。2014 年 12 月，时任南非总统祖马访华，与习近平主席达成了中国南非海洋经济合作的共识。2015 年 7 月，国家发展改革委邀请国家开发银行规划局参加南非政府代表团会见，在讨论如何落实双方海洋经济合作时，中方向南非方提出编制规划是中国的一项成功经验，在听完中方介绍规划的定位、原则、步骤后，当时的南非代表团团长、环保部部长当即同意并组建了规划编制工作组，笔者是工作组成员之一。工作组先后调研了外交部、商务部、国家海洋局、在南非有业务的中资企业、金融机构，以及我国海洋经济大省山东省和江苏省。2015 年 10 月，工作组赴南非，与总统办公室、环境事务部、交通运输部、国有企业部、农林渔业部、外交部、公共工程部、海洋安全管理局就多项问题深入研讨，并在南非开展实地调研。这种"集思广益"正是"中国式规划"的典型做法。

为什么需要集思广益呢？举一个例子，我国的大型船舶制造技术和产能世界领先，很多人想当然觉得这应该成为中国南非海洋经济合作的重点领域。但调研后发现，大型船舶全球产能都是过剩的，南非需求并不高。相反，南非在船舶维修领域和小轮船领域需求很高，于是我们向南非方面提出将这一领域作为合作重点，南非方面高度肯定，认为规划定位非常精准，体现了双方意志。2015 年 12 月，习近平主席赴南非参加中非合作论坛峰会，双方在此期间签署了海洋经济合作备忘录，建立了政府间合作机制，规划内容得到双边高层认可。规划编制完成后，我们的事情还没有结束，我们又在国内召开中资企业赴南非投资的对接会，向企业详细介绍规划的重点领域，并介绍了南非的政策法律法规、重点渔港案例，调动企业的积极性，激励企业共同推动规划落地。

因此，我们要重新思考兰德尔·奥图尔的逻辑，他认为规划制度中存在的信息和激励问题从理论上无法解决，因此美国的规划制度是失败的。事实上，这只能说明美国规划的理论是失败的，不能代表规划制度本身就一定是失败的。我们需要的是理论的创新，也就是回答中国的五年规划制度从理论上为什么会成功，解释中国五年规划制度背后的理论机制。

事实上，中国"十四五"规划公布前后，国际上对规划制度再也不是全盘否定的态度。

美国国家安全顾问杰克·沙利文说，纵观美国历史，大战略的转变不时要求经济哲学的变革——从重商主义到自由放任的绝对主义，到凯恩斯主义再到新自由主义。产业政策规划（广义地说，政府旨在重塑经济的行动）曾经被认为是尴尬的——现在它应该被认为是近乎显而易见的事情。一个很好的理由是，其他国家也在这么做，尤其是美国的竞争对手。

美国《全球策略信息》华盛顿办公室主任威廉·琼斯和英国伦敦经济与商业政策署前署长罗思义说，中国的"十四五"规划与中国过去的五年计划或五年规划一样，都是汇集全力，群策群力，前后须花一年左右的时间制定，尽可能地体现全国民众、各个产业、区域、机构利益与诉求的最大公约数。中国的五年规划与美国或西方其他国家的四年战略计划和总统施政纲要完全不同。欧美选举政治容易产生愈演愈烈的利益集团的固化与分化，一党支持的政策往往就是另一党反对的。

三、中国五年规划制度的理论逻辑

（一）构建中国特色规划学理论体系的科学方法

回答中国五年规划制度的理论逻辑，需要回答"规划是什么""为什么需要规划"等基本理论问题。从词性来看，"规划"既可以是动词，也可以是名词。动词属性的规划是指国家编制和实施规划的治理过程。名词属性的规划即规划文本，指国家编制的、描述国家未来某一阶段经济与社会等方面发展目标和路径的书面方案。需要说明的是，"规划"与"计划"在英文中都是plan，汉语意思也接近，都是指在工作或行动以前预先拟定目标和步骤，可以视为一种治理方式。但我们这里所研究的规划制度，不是指计划经济体制中的计划，而是指中国当前形成的国家规划制度，是国家治理体系的重要组成部分，也就是在党领导下管理国家经济、政治、文化、社会、生态文明和党的建设等多个方面的一种制度体系。

熊彼特说过，科学的经济学家和其他一切对经济课题进行思考、谈论与著述的人们的区别，在于掌握了三门基础学问：历史、统计、理论。为了更好理解中国五年规划制度的理论逻辑，我们也可以运用这三种方法。从历史来看，从1953年到现在，中国已经制定了14个五年规划（计划），我们首先要客观描述丰富的历史资料。从统计来看，我们要运用统计方法从丰富的历史资料和数据中总结出科学的规律，找到历史和科学逻辑的一致之处。从理论来看，规划是中国国家治理体系的组成部分，可以借助国家治理的理论框架来分析，结合中国规划制度和道路的特殊性，发现普遍性的因果关系和理论机制，并和现有的理论进行对话，这样就能按照库恩的研究范式论，实现科学理论的发展或者革命。

这也是构建中国特色规划学理论体系的科学方法。之所以要上升到理论层面，是因为虽然中国成功的五年规划制度可以为世界各国提供借鉴，但推广中国五年规划制度的经验，要完成"从特殊性到普遍性，再从普遍性到特殊性"的科学过程。从特殊性到普遍性，也就是我们通常所说的，讲述中国故事，总结中国道路，发展中国理论。我们需要从中国规划的故事中找出规划的逻辑，进而形成规划的一般性理论。

从普遍性到特殊性，就是马克思主义所讲的理论联系实际。规划制度作为国家治理体系的组成部分，必须与各国的国情相匹配。因此，要把规划的一般性理论与各国的政治制度、经济制度、社会文化等结合起来，形成符合各个国家实际的规划制度。如果其他国家完全照搬中国五年规划制度的模式，而不注意不同国家的特殊国情，就会犯"公式主义"的错误。

（二）中国五年规划制度为什么会成功

基于以上方法，我们首先基于第一部分回顾中国 14 个五年规划（计划）的历程，从中总结中国五年规划制度为什么会成功的五个重要因素。

一是科学理论的指导。2014 年，习近平总书记在北京市考察时强调，规划科学是最大的效益，规划失误是最大的浪费，规划折腾是最大的忌讳。我国规划科学性的根本原因在于将马克思列宁主义、毛泽东思想、邓小平理论、"三个代表"重要思想、科学发展观、习近平新时代中国特色社会主义思想作为指导思想。在科学理论的指导下，五年规划基于经济社会不同发展阶段的客观规律，提出相适应的发展目标、战略重点、实施路径。比如，"一五"计划到"五五"计划的重点是优先发展重工业，这符合当时经济发展阶段的客观需要。"六五"计划到"八五"计划的重点是发展社会生产力。"九五"计划到"十二五"规划不仅关注经济增长，还强调"以人为本"的可持续发展。"十三五"规划以习近平新时代中国特色社会主义思想为指导，提出创新、协调、绿色、开放、共享五大发展理念以适应新的发展要求。

二是纳入国家治理体系的组成部分。习近平总书记是善用规划治理的典范。早在正定工作期间，担任县委书记的习近平同志就从大处着眼，把正定的发展和全国联系起来，强调要有长远规划，不能走一步看一步，希望形成 10 到 15 年的远景规划。就任福建省省长后，习近平同志曾提议并亲自参与组建福建省人民政府顾问团，汇集各路专家作为福建的智囊，帮助福建制定科学专业的五年规划。基于丰富的规划实践经历，习近平总书记深刻指出，用中长期规划指导经济社会发展，是党治国理政的一种重要方式。中共中央、国务院发布的《关于统一规划体系更好发挥国家发展规划战略导向作用的意见》将五年规划定位为"社会主义现代化战略在规划期内的阶段性部署和安排""全国各族人民共同的行动纲领"。规划制度是国家治理体系的组成部分，保障了规划的权威性、连续性和稳定性。当前，我国的五年规划已经形成了党委领导、人大批准、政府编制与组织实施的工作机制。党中央首先提出对国民经济和社会发展五年规划的建议，确定一系列大政方针，决策和统筹各类重要事项。全国人民代表大会审查批准五年规划，并依法监督规划实施情况。国务院编制和组织实施五年规划，并按照优化协同高效的要求强化对其他各类规划的管理，这一机制不断规范化、法治化，成为国家治理体系中五年一度的传统。

三是集思广益的编制过程。"开门编规划"是我国规划制度的重要经验之一。以"十四五"规划编制为例，习近平总书记多次强调，鼓励广大人民群众和社会各界以各种方式为"十四五"规划建言献策，切实把社会期盼、群众智慧、专家意见、基层经验充分吸收到"十四五"规划编制中来。在征求意见的过程中，习近平总书记先后主持召开多场座谈会，广泛听取各方面的意见建议。同时，"十四五"规划编制工作还首次在网上征求意见。由此可见，我国的规划编制过程是科学民主决策的重要体现，集思广益的编制过程不仅可以通过收集多方面信息提升规划的编制质量，还有利于广泛凝聚共识，减少规划实施过程中面临的阻碍。

四是广泛动员、实事求是的实施方式。2020 年 8 月 24 日，习近平总书记在经济社会领域专家座谈会上指出："实践证明，中长期发展规划既能充分发挥市场在资源配置中的决定性作用，又能更好发挥政府作用。"[①]我国五年规划的实施不是政府的"独角戏"，而是各类主体的"合奏曲"，既能够用好政府这只"看得见的手"，提供公共服务，优化营商环境，也能够用好市场这只"看不见的手"，激发市场活力，发挥市场优势。此外，我国在规划实施过程中还建立了动态调整的机制，包括规划中期评估和调整、中央经济工作会议对下一年度规划任务的调整、政府工作报告对当年规划任务的调整、各地区各行业在自身规划内的创新试验和调整等，以保证规划的实施能根据经济社会的发展变化进行实事求是的调整，科学应对一些重大突发性事件。

---

① 习近平：《在经济社会领域专家座谈会上的讲话》，《人民日报》2020 年 8 月 25 日。

五是与时俱进的规划制度。新中国成立后，我国借鉴苏联的计划经济模式编制五年计划，"一五"到"五五"主要是在探索中前进，虽然走了一些弯路，但也积累了许多经验。从"六五"到"十五"，我国的规划制度不断走向成熟和规范，从指令性计划逐步转变为兼具约束性、预期性、指导性的计划，充分发挥服务国家战略目标、引导市场资源配置、指导政府宏观管理的作用。"十一五"开始，为了进一步明确规划的本质，"五年计划"更名为"五年规划"，更注重以约束性指标促进政府职能转变，以预期性指标激发市场活力，成为战略性、纲领性、综合性、指导性的科学发展规划。

党的十八大以后，随着我国规划制度的作用日益增强，但规划编制和实施方面还存在一些问题，影响了规划战略导向作用的充分发挥。比如，规划编制工作涉及多个部门，但是当前各个部门的规划编制职责还主要是一些不成文的规定，随意性较强；规划编制中的公众参与仍然停留在法律性文件中的原则性概念阶段，缺乏程序性权力，公众参与主要以"被征求"意见为主，参与环节滞后等。再比如，五年规划作为国家最重大的公共政策，其地位缺乏规划相关的法律依据和支撑。

基于此，党的十八届三中全会提出政府要加强发展战略、规划、政策、标准等的制定和实施，党的十九大提出发挥国家发展规划的战略导向作用，党的十九届四中全会明确要求要"完善国家重大发展战略和中长期经济社会发展规划制度"，规划制度始终处于不断完善之中。

总的来看，我国的规划制度没有盲从其他国家所谓的"绝对真理"，而是基于国情在实践中不断探索、改革和创新，与时俱进地建立了这个时代最为科学的规划制度。

（三）三种类型的规划制度

我们还可以进一步将中国的规划制度和其他国家的规划制度进行比较研究。新制度经济学的宗师威廉姆森把每一种制度都定义为一种特殊的契约，契约签订之前是谈判，契约签订之后是治理。按照这一逻辑，我们把规划制度分为规划编制（谈判）、规划实施（治理）两个维度。自规划制度诞生以来，虽然不同国家规划制度的形式看似相同，但是从规划编制和规划实施两个维度来分析，可以分为三种类型。从规划编制维度来看，可以分为机械性全面计划（全面计划＋难以调整）、适应性宏观计划（宏观计划＋科学调整）、指导性抽象计划（抽象计划＋无须调整）三种类型。从规划实施维度来看，可以分为控制性任务治理（自上而下＋约束为主）、激励性目标治理（凝聚共识 + 激励约束）、放任性自发治理（自下而上 + 激励为主）三种类型。

相互组合后，我们可以归纳为三种类型的规划制度。

一是机械性全面计划与控制性任务治理的组合，也就是在规划编制中对经济社会等方方面面的内容作出非常详细的计划，由于规划内容面面俱到，每一项调整都需要重新计算，因此调整相对较难；在规划实施中以自上而下的行政指令为主，重点运用指令性指标进行约束控制。苏联的五年规划制度总体可以归为此类型。

二是适应性宏观计划与激励性目标治理的组合，也就是在规划编制中主要制定宏观战略层面的计划，并且可以根据环境的变化及时调整；在规划实施中，既注重自上而下的行政指令，也鼓励自下而上的灵活创新，能够综合运用约束性、预期性指标进行激励和约束。中国的五年规划制度总体可以归为此类型，尤其是改革开放以后的五年规划。中国的五年规划是一种宏观战略规划，是一种规范性政策而不是禁止性政策，主要为各级政府设置了一个框架，在这个框架内，各级政府可以制定出不同的行动方案，这些方案彼此联系，有时又相互矛盾，因此灵活调整和自主决策的空间较大。此外，这种宏观战略规划还可以实时评估和调整，而且可以吸收多方参与主体的意见，更广泛地反映企业和社会的利益。在规划实施的过程中，中国的五年规划一方面有对各级政府的目标约束，另一方面还有对市场主体的目标引导和激励，是激励性目标治理的具体表现。

三是指导性抽象计划与放任性自发治理的组合，也就是在规划编制中主要制定一些更为宏观抽象（如价值层面）的计划，因此无须根据环境的变化来调整；在规划实施中，主要是以自下而上的自发治理为主，以激励为主，很少运用指标约束。法国等一些西方资本主义国家的五年规划制度总体可以归为此类型。

回顾我国五年规划的历程，虽然最初学习了苏联模式，但我国规划制度一直在不断探索、改革、发展和完善，形成了"适应性宏观计划 + 激励性目标治理"的科学规划制度。相比较而言，中国的规划制度本质上是一种柔性的、较为灵活的弹性规划制度。

为什么弹性规划制度在实践中如此有效呢？刚性规划制度认为政府和市场是对立的，要么只重视政府的作用，要么只重视市场的作用，而弹性规划制度的重要优势就是实现了政府和市场"两只手"的有机统一、相互补充、相互协调、相互促进。

具体而言，中国五年规划的编制既是政府对不同发展阶段的宏观战略性问题进行长期性、延续性的科学计划，也能充分吸纳市场的诉求，适应市场需要，对目标、内容、任务进行不断调整。中国的五年规划不是僵化的五年一度的一次性工作，早在改革开放前就已经是中央和地方在每个年度不断研究、协商、试验、评估、调整年度计划，自上而下和自下而上双向发力的循环过程，这些做法让中国避免了规划一旦出台就无法调整的困境。尤其是面对艰巨的宏观经济挑战时，比如，2020年初暴发的新冠疫情对市场带来突如其来的冲击，中国果断在政府工作报告中不明确经济增长的具体目标，显示出规划制度极强的适应性。"十四五"规划和2035年远景目标纲要中未对"十四五"时期设定量化的GDP增速目标也是适应性的具体体现。

中国五年规划的实施也不仅仅是政府的事情，而是将各个层级不同领域的政策主体相互连接成为一个庞大的网络，引导或激励各类经济主体的活动，塑造或制约各级政府的行为。因此，中国的五年规划，不是简单下达行政命令，而是在尊重市场规律的基础上，用改革激发市场活力，用政策引导市场预期，用规划明确投资方向，用法治规范市场行为。这种弹性规划制度既能够运用计划这只"看得见的手"，提供公共服务，促进社会进步，也能够运用市场这只"看不见的手"，提供良好投资环境，促进经济增长，通过"有效的市场"和

"有为的政府"，在实践中破解了这道经济学上的理论难题。

以上简单论述了中国五年规划制度的理论逻辑，这也是我们构建中国特色规划学理论体系的一次尝试，期待有更多学界同仁加入这一领域。理论的探索过程本身也是进一步坚定"四个自信"的过程。我们坚信，在中国共产党领导下，发挥规划制度的优势，沿着规划蓝图的美好愿景，一个五年接着一个五年，一步一个脚印，我国一定能稳步推进伟大事业，如期实现第二个百年奋斗目标。

新时代的数字治理

陈　佳

北京大学习近平新时代中国特色社会主义思想研究院研究员，研究方向为习近平经济思想。

随着我国经济社会的持续发展，国际环境发生深刻复杂的变化，国内社会矛盾和冲突不断发生，我国各项事业进入了改革深水期。为了应对这些挑战，继续稳步推进我国各项事业，国家治理体系和治理能力现代化成为中国各界关注的问题。党的十八届三中全会提出："全面深化改革的总目标是完善和发展中国特色社会主义制度，推进国家治理体系和治理能力现代化。"党的十九届四中全会审议通过《中共中央关于坚持和完善中国特色社会主义制度　推进国家治理体系和治理能力现代化若干重大问题的决定》对新时代坚持和完善中国特色社会主义制度、推进国家治理体系和治理能力现代化作出顶层设计和全面部署，提出到我们党成立 100 年时，在各方面制度更加成熟更加定型上取得明显成效，到 2035 年基本实现国家治理体系和治理能力现代化。

党的二十大报告进一步强调了这些宏伟目标。

国家治理中的重要一环是数字治理。互联网、大数据、人工智能等数字技术的迅猛发展和广泛应用深刻改变了人们工作和生活的各个方面，给国家治理的各个领域带来了巨大的挑战，也为完善和发展国家治理体系和治理能力提供了新的机遇。

一、数字治理的背景与概念

随着互联网、大数据、云计算、人工智能等现代信息技术的发展，世界已经进入数字时代。数字电视、智能手机、网络购物、移动支付等数字应用提高了人民的生产生活质量，促进了政务服务的优化，促进国家经济社会发展。近年来，国家治理能力的数字化受到了我国的高度重视。

2017年10月，党的十九大报告提出"加快建设数字中国"。2018年4月，习近平总书记在致首届数字中国建设峰会的贺信中指出："当今世界，信息技术创新日新月异，数字化、网络化、智能化深入发展，在推动经济社会发展、促进国家治理体系和治理能力现代化、满足人民日益增长的美好生活需要方面发挥着越来越重要的作用。"①2019 年 10 月，党的十九届四中全会通过的《中共中央关于坚持和完善中国特色社会主义制度 推进国家治理体系和治理能力现代化若干重大问题的决定》提出要"建立健全运用互联网、大数据、人工智能等技术手段进行行政管理的制度规则。推进数字政府建设，加强数据有序共享，依法保护个人信息"。2020 年 5 月，中共中央、国务院印发《关于新时代加快完善社会主义市场经济体制的意见》，提出"推进数字政府建设"。2020 年 10 月，党的十九届五中全会通过的《中共中央关于制定国民经济和社会发展第十四个五年规划和二〇三五年远景目标的建议》进一步明确提出要"发展数字经济，推进数字产业化和产业数字化，推动数字经济和实体经济深度融合，打造具有国际竞争力的数字产业集群。加强数字社会、数字政府建设，提升公共服务、社会治理等数字化智能化水平"。2021 年 10 月，十九届中央政治局就推动我国数字经济健康发展进行了第三十四次集体学习。习近平总书记在主持学习时强调，要完善数字经济治理体系，健全法律法规和政策制度，完善体制机制，提高我国数字经济治理体系和治理

---

① 《习近平书信选集》第 1 卷，中央文献出版社 2022 年版，第 168 页。

能力现代化水平。①2022 年 12 月，中共中央、国务院发布《关于构建数据基础制度更好发挥数据要素作用的意见》，提出要在中国建立四项数据基础制度，分别是数据产权制度、流通交易制度、收益分配制度和安全治理制度。2023 年 2 月，中共中央、国务院印发的《数字中国建设整体布局规划》指出，全面建设中国式现代化需要高度重视信息化数字化发展，要"以数字化驱动生产生活和治理方式变革，为以中国式现代化全面推进中华民族伟大复兴注入强大动力"。

　　数字治理，顾名思义，有两种含义：一种是对数字的治理，一种是基于数字的治理。对数字的治理是指实现对数据的有效管理与组织；基于数字的治理则是利用数据和数字技术实现有效的组织与运行。②从广义上讲，数字治理是一种经济组织、社会组织、政治组织及其活动的形式，它包括对经济和社会资源的综合治理，涉及政府、立法机关以及公共管理过程的一系列活动；从狭义上讲，数字治理是指在政府与市民社会、政府与以企业为代表的经济社会互动和政府内部运行中运用信息技术，简化政府行政及公共事务的处理程序，并提高民主

---

① 《习近平在中共中央政治局第三十四次集体学习时强调　把握数字经济发展趋势和规律　推动我国数字经济健康发展》，《人民日报》2021 年 10 月 20 日。
② 陈彩娟：《数字治理与人文治理——协同推进城市治理现代化的融合路径》，《中国社会科学报》2021 年 1 月 20 日。

化程度的治理模式。^①只有构建完整、高效、安全的数字
治理体系，才能围绕数据构建高效的国家治理体系。

近年来，大数据在教育、就业、社会保障、医药卫
生、住房交通等领域的普及与应用，在精准扶贫、环境
治理等领域的有效实践，充分证明了大数据是创新公共
服务、保障和改善民生、增进人民福祉的重要推动力。
由此可见，大数据在经济社会发展中具有基础性、战
略性和先导性作用。我们常常谈到"大数据应用""数
据治理"，习惯于用数字化的方式代替复杂烦琐的脑力
劳动，"数字化转型""大数据治理"更是成为人们口中
的热点词汇。随着数字化发展的不断深入，"数字治理+
X"在现代化治理体系中发挥着越来越重要的作用。可
以预见，未来的社会离不开大数据，更离不开数字化工
具。人们对大数据的需求达到了前所未有的高度，海量
数据为我们带来更加便利的生活条件和更舒适的生活环
境。然而，有很多"唯数据论者"，认为大力建设数据
中心，提高数据治理能力，就能实现数字治理。

事实上，数据治理与数字治理既有联系又有区别。^②
一方面，从治理对象看，数字治理包含了数据治理、内
容治理、数据管治等部分，是一个较大的概念和领域，

---

① 韩兆柱、马文娟：《数字治理理论研究综述》，《甘肃行政学院学报》
2016 年第 1 期。
② 杜泽：《什么是数字治理？》，《中国信息界》2020 年第 2 期。

但在治理基础上，数据治理与数字治理都是以物联网、互联网、云计算等现代信息技术为依托，作用于数字材料与数据库，包含数据的保存、归档与治理等方面；在治理问题上，数字治理与数据治理都是在实践中探索推进的，都为避免传统数据管理出现的数据碎片化、数据割据、数字鸿沟等问题，解决城市管理、公共服务提供等方面出现的问题，提高政府治理的能力与水平；在治理目标上，数字治理与数据治理都有其共同目标，即信息资源的开放共享以及公共服务的智能化提供。

另一方面，在治理核心上，数字治理以公民参与为核心，政府提供治理框架，而数据治理以政府决策为核心，公民共享其提供的信息资源；在内容侧重点上，数字治理强调的是治理资源的数字化，在数字治理过程中进行数字归档与保存，并体现治理的本质——公民的参与和互动，实现数字资产的管理与利用；而数据治理强调的是在数据的整个生命周期内的持续管理与利用，即包含数据发现和检索、维持数据质量、增加数据价值、长期可供使用等内容，实现的是数据的持续管理。

中国的数字治理经验，是制度改革、科技创新再到经济发展相互交织的过程。这个交织发展的过程包括了数字政府、数字社会、数字经济、数字金融等各个方面，形成了中国的数字生态。在这样一个数字生态中，数字政府强调运用数字化、智能化的手段和方法改变公共服务的样式，改善公共决策质量，改进公共管理品质，以更好的方式和效果服务于社会进步和经济发展；数字社会强调以数字化发展推动智能化、精准化的社会管理、社会服务和社会公共品的供给，它的特征是社会性、普惠性和智慧的提升和发展，进而引领高品质的社会生活；数字经济所强调的是数字产业化的发展以及产业数字化的转型，造就了以数字化为核心的现代产业集群，并且参与了国际数字化的发展竞争。[①] 这样一种三元互动，各有侧重的情况，由数字治理这一核心概念串联在一起，构成了新时代中国发展的一个基本场景。

二、数字政府治理

进入新时代，电子政务取得了长足发展，发生了巨大的变化。网络用户的骤增，促使电子政务信息和服务的提供从"单一无序"向"全面系统"转变；公民意识的提高促使电子政务从"提供信息和服务"向"增强公民监督和参与"转变；新公共管理和公共服务思想的崛

---

① 张小劲：《从中国数字经济、数字社会和数字政府看全球数字治理》，2021 中国发展高层论坛。

起，促使电子政务从"以政府为中心"向"以公民为中心"转变。这些变化使得电子政务向数字治理转型，并对政府治理提出了更高的要求。

信息和通信技术为传统的公民参与注入了新的活力。越来越多的公民通过电子邮件、网络即时聊天系统、公共事务论坛、在线民意调查等多种数字途径表达自己的意见，发挥着自己在政府决策中的作用。基于信息和通信技术的参与逐渐变为公民参与公共事务的主要方式。相应地，政府也通过信息和通信技术来促进公民参与，从电子政务转型为数字治理。在这一转型阶段，政府做的不仅仅是简单地提供信息和服务，而是强调以公民为中心的双向互动，即"向公民提供一种能力和权利，让他们自主选择与政府互动的方式"。

公民获取更广泛的政府服务，拥有更高的公民参与度，可以进一步整合政府运作，降低成本，并提高政府服务的质量和效率。[①] 在这一背景下，党的十九大报告提出实现国家治理体系和治理能力现代化的目标，构建"网络强国、数字中国、智慧社会"三大战略。党的十九届四中全会作出推进"数字政府治理"的决策部署。数字政府建设将成为推动我国高质量发展、提升国

---

① Milakovich, M.E. (2012). *Digital Governance: New Technologies for Improving Public Service and Participation*. London: Routledge.

家治理效能的重要抓手，是加快建设现代化经济体系、推动经济体系优化升级的重要基础，是坚定不移建设数字中国、加快数字化发展的重要任务，是加快转变政府职能、建设现代政府治理体系的重要内容。

数字政府治理是用数字化思维、理念、战略、资源、工具和规则等治理信息，以数据融通和提供智慧服务为主，着力解决信息碎片化、应用条块化、服务割裂化等问题，确保信息、数据在政府与社会、市场与公民之间畅通，提供优质政府服务、增强公众服务满意度的过程。[1]建设数字政府和构建数字政府治理体系是大数据时代社会对服务型政府建设和治理能力现代化的更新更高要求，同时也是政府在社会演进到数字形态的自我适应与改变，其目标旨在增进政府与公众之间的联系、互信、互动以及对社会的协同治理能力，更好实现"以人民为中心"的社会治理和公共服务价值。

现代数字技术对政府的运作机理产生了一系列影响。[2]第一，现代数字技术作为政府的工具，使政府能通过无线网络、信息系统、移动终端等电子政务平台逐步实现政务服务事项就近能办、同城通办、异地可办，在方便公民的生活工作的同时，也提升政府的治理能力。

---

[1] 王孟嘉：《数字政府建设的价值、困境与出路》，《改革》2021年第4期。
[2] 沈费伟、诸靖文：《数据赋能：数字政府治理的运作机理与创新路径》，《政治学研究》2021年第1期。

第二，现代数字技术具有快速、包容的价值与优势，使政府部门在沟通、治理、决策等各领域增强治理效能。

到 2035 年，我国将成长为发达经济体，跻身创新型国家前列，基本实现信息化，基本实现国家治理体系和治理能力现代化，基本建成公共服务型政府，基本建成国际一流营商环境，基本实现应急管理现代化，这些对数字政府治理提出了新的要求。① 加速数据赋能数字政府和治理转型升级，到 2035 年建成世界一流数字政府，应坚持以人为本的数字政府建设根本价值取向，将人民群众的获得感、幸福感与安全感作为判断数字政府建设成效的根本标准；将推进协同治理、加快整体政府建设作为数字政府建设的重要目标；全面提升在线发展指数、人力资本指数、通信基础设施指数与电子参与指数，大力发展在线服务，推进数字人才队伍建设，加快完善数字基础设施，持续扩大电子参与。同时，数字政府建设应覆盖政府权力运行的全过程与全流程；要正确处理好政府数字治理权力与公民数字权利之间的关系，达成治理效率与公民隐私权保护、政府权力扩张与权力制约之间的平衡。围绕共建、共享、共用、共治的建设

---

① 李军鹏：《面向基本现代化的数字政府建设方略》，《改革》2020 年第 12 期。

目标，全面推进数字政府建设。[①]

三、数字社会治理

在我国，社会治理是指在中国共产党领导下，由政府组织主导，吸纳社会组织等多方面治理主体参与，对社会公共事务进行的治理活动。[②] 我国的社会治理是以实现和维护群众权利为核心，发挥多元治理主体的作用，针对国家治理中的社会问题，完善社会福利、保障改善民生，化解社会矛盾，促进社会公平，推动社会有序和谐发展的过程。[③]

随着信息技术革命的兴起，人类迈进了数字时代，社会治理的场景、过程和治理方式正在发生深刻的变化。在社会治理的各个领域，大数据方法作为一种工具，在革新治理模式方面体现出了价值。如在公共政策、政治传播、社会运动等领域的研究说明大数据有极高的管理价值；[④] 在医疗卫生领域，可利用公共卫生历

[①] 马亮：《中国数字政府建设的理论框架、研究议题与未来展望》，《中共天津市委党校学报》2021 年第 2 期。
[②] 王浦劬：《国家治理、政府治理和社会治理的含义及其相互关系》，《国家行政学院学报》2014 年第 3 期。
[③] 姜晓萍：《国家治理现代化进程中的社会治理体制创新》，《中国行政管理》2014 年第 2 期。
[④] 孟天广、郭凤林：《大数据政治学：新信息时代的政治现象及其探析路径》，《国外理论动态》2015 年第 1 期。

史数据，甚至移动通信设备数据，来分析流感趋势并预测下一次流感的暴发；[①] 在民情舆情管理上，大数据的应用潜力也是巨大的，可通过分析网络社交平台中话题结构的大数据，来理解集体行动的信息；[②] 利用文本分析来预测大规模冲突事件等。[③] 数字民主和网络政治等现象不断涌现，在线政府和开放政府等新兴治理制度也被创造出来。技术进步为社会治理提供了一系列新的治理方式。技术进步既要高度关注公民诉求、情感、态度等民情民意，还要能多方协作，打破传统治理领域界限。[④]

乡村治理是国家治理和社会治理的基石，没有乡村的有效治理，就没有乡村的全面振兴。面对乡村生产生活方式的加速变迁与人口的快速流动，以农业生产统筹为核心内容的简约层级式传统乡村治理，还面临着基层组织涣散、村民参与不足、服务效能不高、整理决策科学性有待提升等问题。数字化技术的广泛应用促进了数

---

① Joseph, R.C., Johnson, N.A., Big data and transformational government.IT Professional，2013(6):43−48.
② Milakovich, M.E., Anticipatory government: integrating big data for smaller government. Internet, Politics, Policy. Oxford: Oxford Internet Institute，2012.
③ Nicholas, C.A., Fowler, J.H., Social network sensors for early detection of contagious outbreaks. Plos One, 2010, 9(5):1−8.
④ 孟天广、赵娟：《大数据驱动的智能化社会治理：理论建构与治理体系》，《电子政务》2018 年第 8 期。

字乡村社会的形成，①进而打破了乡村治理格局中国家与乡村社会之间的隔阂，也消除了层级管理中可能出现的信息失真与道德风险，并为治理资源欠缺的乡村提供了具有针对性的资源支持。②数字化技术为乡村治理创新与转型带来了新的历史机遇。

2019 年，中共中央办公厅、国务院办公厅印发《关于加强和改进乡村治理的指导意见》，提出"到 2035 年，乡村公共服务、公共管理、公共安全保障水平显著提高"的目标任务。同一年，农业农村部、中央网络安全和信息化委员会办公室印发了《数字农业农村发展规划（2019—2025 年）》，提出"建设乡村数字治理体系"的要求，乡村治理数字化的实现形式应聚焦于公共服务治理、公共管理、公共安全治理三个方面，对应乡村公共服务治理数字化、乡村公共管理与公共事务治理数字化、乡村公共安全治理数字化。③在"数字中国"与"数字乡村"建设的推动下，农村地区的数字化基础条件不断完善，"互联网＋社区"与"互联网＋政务服务"不断向农村地区延伸，各地探索实践并形成了一批典型

① 邱泽奇、李由君、徐婉婷：《数字化与乡村治理结构变迁》，《西安交通大学学报（社会科学版）》2022 年。
② 江维国、胡敏、李立清：《数字化技术促进乡村治理体系现代化建设研究》，《电子政务》2021 年第 7 期。
③ 冯献、李瑾、崔凯：《乡村治理数字化：现状、需求与对策研究》，《电子政务》2020 年第 6 期。

模式。如北京南口镇智慧乡村、上海宝山"社区通"、广东阳江"智慧乡村＋村务管理"、浙江德清"乡村治理数字化平台"、湖北孝感恩施等地"村务云"、四川基于乡村雪亮工程的"互联网＋社会治理"、腾讯"为村"开放平台、中国电信"村村享"等。运用数字手段开展乡村治理，是丰富治理手段、体现国家治理能力现代化的重要举措，对于促进数字农村治理发展意义重大。

社会治理的目标，归根到底就是要满足人民日益增长的美好生活需要。以数字化助力高效能基层治理，必须增强改革意识和担当精神，由基层治理的因应式创新转向主动式改革。充分利用大数据、互联网、云计算等智能互联技术，持续推进以社区治理体制为重点的基层治理体制机制改革，就一定能不断提升人民群众的获得感、幸福感、安全感。

四、数字经济治理

党的十九大提出"我国经济已由高速增长阶段转向高质量发展阶段，正处在转变发展方式、优化经济结构、转换增长动力的攻关期"，同时强调"建设现代化经济体系是跨越关口的迫切要求和我国发展的战略目标"。① 随着我国发展进入新时代，究竟如何加快经济增长动能，实现经济高质量发展，已成为社会各界关心的重要议题。2020年10月，党的十九届五中全会提出了坚持创新在我国现代化建设全局中的核心地位，把科技自立自强作为国家发展的战略支撑。2021年5月，习近平总书记在中国科学院第二十次院士大会、中国工程院第十五次院士大会、中国科协第十次全国代表大会上的讲话中强调，立足新发展阶段、贯彻新发展理念、构建新发展格局、推动高质量发展，必须深入实施科教兴国战略、人才强国战略、创新驱动发展战略，完善国家创新体系，加快建设科技强国，实现高水平科技自立自强。2022年10月，党的二十大报告提出必须坚持科技是第一生产力、人才是第一资源、创新是第一动力，深入实施科教兴国战略、人才强国战略、创新驱动发展战略，开辟发展新领域新赛道，不断塑造发展新动能新优势。

以互联网、大数据、云计算、人工智能、区块链等技术为代表的新兴数字技术与经济活动相结合，产生出了数字经济等一系列新兴经济形态。近年来，我国数字经济在政策指引下快速发展，在拉动投资、激发消

---

① 习近平：《决胜全面建成小康社会 夺取新时代中国特色社会主义伟大胜利——在中国共产党第十九次全国代表大会上的报告》，《人民日报》2017年10月28日。

费、创造就业、增强实体经济创新力与竞争力等方面发挥了重要作用。2020 年，虽然遭遇新冠疫情，但我国数字经济依然保持旺盛的活力，规模达到 39.2 万亿元，比 2019 年增加 3.3 万亿元，占 GDP 比重为 38.6%，同比提升 2.4 个百分点。2020 年，我国数字经济的增速是 9.7%，是同期 GDP 名义增速的三倍多。在新冠疫情冲击和全球经济下行的背景下，中国数字经济的发展为我国经济社会的健康发展提供了强有力的支撑。[①]

数字经济对经济高质量发展的作用体现在多个维度。在微观上，数字经济可以提高全要素生产率[②]，也可以提高区域创新效率[③]，优化经济地理格局[④]。数字经济可以通过提升创业活跃度来赋能高质量发展[⑤]。数字金融的发展对落后地区家庭的收入提升作用比较大，尤其是对农村低收入群体而言，也有利于农村创业机会的均等化[⑥]。这说明数字金融的发展有利于中国的包容性发展和

---

① 中国信息通信研究院：《中国数字经济发展白皮书》（2021）。
② 郭家堂、骆品亮：《互联网对中国全要素生产率有促进作用吗？》，《管理世界》2016 年第 10 期。黄群慧、余泳泽、张松林：《互联网发展与制造业生产率提升：内在机制与中国经验》，《中国工业经济》2019 年第 9 期。
③ 韩先锋、宋文飞、李勃昕：《互联网能成为中国区域创新效率提升的新动能吗》，《中国工业经济》2019 年第 7 期。
④ 安同良、杨晨：《互联网重塑中国经济地理格局：微观机制与宏观效应》，《经济研究》2020 年第 2 期。
⑤ 赵涛、张智、梁上坤：《数字经济、创业活跃度与高质量发展——来自中国城市的经验证据》，《管理世界》2020 年第 10 期。
⑥ 张勋、万广华、张佳佳、何宗樾：《数字经济、普惠金融与包容性增长》，《经济研究》2019 年第 8 期。

实现共同富裕。在宏观层面上，通过新的投入要素、新的资源配置效率和新的全要素生产率来促进经济发展。[①]

当前数字经济与传统经济的高度融合成为数字经济发展的新特征，主要表现为三个方面。一是越来越多的企业开始运用数字技术从事相关经济活动，直接降低了生产经营成本。例如，金融企业将各种数据和流程数字化系统化，并利用互联网改进业务流程，把业务和数据在线上对接起来。工业互联网已经从概念形成普及进入到实践推广的新阶段，在经济社会各领域中加速推广，从装备制造业向采矿、水务、金融等行业延伸。二是数字经济作为一种经济形态对传统经济产生影响，尤其是对消费部门影响。根据中国互联网络信息中心（CNNIC）发布的第 48 次《中国互联网络发展状况统计报告》，在消费领域，网络零售成为消费新引擎，2021年上半年交易规模达 6.11 万亿元，同比增长 23.2%；移动支付蓬勃发展，撬动餐饮、外卖、旅游等多个线下服务场景。三是随着融合程度不断加深，传统经济服务模式、技术形态不断创新突破。[②] 一批大数据、云计算、人工智能企业创新发展，产业生产体系更加完备。电子商

① 洪银兴：《培育新动能：供给侧结构性改革的升级版》，《经济科学》2018 年第 3 期。
② 荆文君、孙宝文：《数字经济促进经济高质量发展：一个理论分析框架》，《经济学家》2019 年第 2 期。

务、平台经济、共享经济等数字化新模式涌现，服务业数字化升级前景广阔。

从全球来看，数字经济发展为我国参与全球数字经济治理奠定了基础。2020 年，美国数字经济总量为 13.6 万亿美元，居世界第一，中国的规模为 5.4 万亿美元，位居世界第二。从增长率来看，中国数字经济同比增长 9.6%，排名世界第一。我国的数字基础设施建设走在全球前列。我国是第一批实现 5G 商用的国家之一，已开通 5G 基站 96.1 万个，占全球 70% 以上，覆盖全球所有地级以上城市和部分重点城镇，截至 2021 年 6 月，5G 终端连接数超过 3.65 亿，占全球 80%，5G 用户渗透率达到 17.8%，居全球前列。[①]

五、数字金融治理

作为数字经济的关键生产要素，数据的经济价值不断受到重视和关注。2019 年，党的十九届四中全会首次将数据要素写入中央文件；2020 年，中共中央、国务院相继发布《关于构建更加完善的要素市场化配置体制机

---

① 中国信息通信研究院：《全球数字经济白皮书——疫情冲击下的复苏新曙光》（2021）。

制的意见》《关于新时代加快完善社会主义市场经济体制的意见》，进一步明确了加快培育数据要素市场的具体要求。金融业与信息技术有着天然的联系，一直是先进信息技术的使用者。金融业也是数据密集型行业，拥有海量的高价值数据资源。在此背景下，做好金融数据治理一方面要坚持挖掘金融数据价值，另一方面要保障数据安全及隐私保护。①

在金融数据价值挖掘方面，进入 21 世纪以来，随着数据的经济属性和价值属性日益凸显，数据不再只是金融业务运营过程的副产品，而是推动金融业务发展的核心资源。近年来，随着大数据结合云计算、人工智能、区块链等技术在金融业的应用水平日益提升，金融业服务理念和经营模式不断发生变化，金融业态和产品创新步伐显著加快。②

在机制建设方面，大中型商业银行作为行业先行者，通过成立专业的数据管理部门、搭建企业级的数据管控平台，逐步释放数据作为基础性战略资源的核心价值。

在应用探索方面，金融业持续加大投入，建设了传

---

① 沈一飞、郭笑雨：《数字经济与金融数据治理》，《中国金融》2020 年第 22 期。
② 姜睿：《我国金融科技演进逻辑、阶段特征与提升路径》，《经济体制改革》2020 年第 6 期。

统的管理信息系统（MIS）、联机分析处理（OLAP）数据库、数据集市、数据仓库以及大数据存储和计算平台等数据基础设施，有效整合应用金融机构内部数据资源。各个金融机构正在加快与互联网企业深入合作，实现优势互补、人才流动，不断打通多维生态场景，逐步实现线上线下融合发展。同时，分布式数据库以及各类非关系型数据库的兴起，增强了金融机构大规模、高并发的数据处理能力。

近年来，数字科技快速兴起，为金融行业持续发展提供了源源不断的动力支撑。数字技术在改变金融的运行方式和效率。目前，驱动金融发展的关键性数字技术主要包括大数据、云计算、区块链和人工智能等。关键驱动技术主要从规模、速度和准度三个维度提升数据处理能力；通过降低成本、提升风控能力和促进竞争来提升金融市场发展质量。

在数字金融体系中，主要的参与方有金融数据平台、金融服务主体、金融消费主体、政府监管主体等四类主体。[1]在大数据时代，数字金融在缓解传统的信息不对称的同时又引致了严重的数据不对称，表现在数据规模和质量的不对称、数据技术的不对称、数据管理的不

---

① 　王作功、李慧洋、孙璐璐：《数字金融的发展与治理：从信息不对称到数据不对称》，《金融理论与实践》2019 年第 12 期。

对称、数据效用的不对称、数据外部性的不对称、数据监管的不对称。与信息不对称相比，数据不对称是基础层面的不对称，对市场主体的影响显得更为深刻。数字金融平台具有"数据垄断"的优势，而普通金融消费者处于绝对的劣势地位。在这样一种长期畸形的不对称关系中，金融市场治理遇到前所未有的挑战。金融风险不断汇聚，一旦失控就极有可能酿成重大金融危机。在这样的背景下，寻求更为有效的手段防控数据不对称带来的金融风险，推动金融市场高质量发展，成为当前推进治理体系和治理能力现代化的重中之重。

从历史发展来看，数字金融的逻辑起点是互联网金融，如果说互联网与高质量金融市场有天然的契合性，那么大数据、云计算与高质量金融市场可以说是有着共同的基因。大数据的庞大数据体量特性、云计算的资源共享及分配特点与高质量金融市场的普遍覆盖、全民优享的特点一脉相承。

大数据的庞大数据规模不是少数人所能创造的，而是来源于普通大众，每个人在互联网上留下的痕迹形成了大数据。大数据技术通过分析大量非结构化数据进行预测，在征信方面可以帮助众多缺少信用记录的个人获得信用历史，在身份识别方面可以帮助金融机构更高效地鉴别欺诈，在投资方面可以为用户提供更加合理的资产配置建议与投资策略，在监管方面可以帮助监管部门更有效地识别金融犯罪与金融风险。这些能力的提升，不仅扩展了金融的服务范围，还大大增加了金融服务效率与服务质量。

云计算则通过资源共享与合理分配的方式，消除了以往金融行业中信息不对称以及资源分配不均的问题。其中，云计算技术最大的优势在于资源共享与合理分配，能够将传统大型金融机构的资源分配到小型金融机构中，并能借助平台的力量改善信息不对称的问题。传统大型金融机构以自身资源为根本，设立金融云平台，并将自身的金融服务能力通过云平台分享给中小金融机构，不但有利于大型金融机构自身经营与发展，也将有利于中小金融机构的快速成长，从而能够使得国内金融体系在更广范围向用户提供金融服务。

以银行为例，大数据和云计算技术的推出将为银行带来增强数据安全性、加快信息和数据共享速度、提高服务质量、降低运营成本等方面的巨大优势。[①]

首先，大数据和云计算技术增强了银行的数据处理能力。随着 IT 技术的发展，网上银行已成为未来银行零售业务的重要运作模式。同时，银行还会对客户进行

---

① 谢世清：《论云计算及其在金融领域中的应用》，《金融与经济》2010年第 11 期。

更加细致的划分，针对不同层次的用户提供个性化的服务。这些都对银行的数据处理能力提出了更高要求。通过把云计算与数据挖掘技术结合，可以快速地从海量数据中提取出有价值的信息，为银行的商业决策服务。分布在互联网云海中成千上万的计算机群提供强大的计算能力，并通过网络将庞大的计算处理程序自动分拆成无数个较小的子程序。大数据和云计算技术能在短时间内对银行大量的业务数据进行存储、分析、处理、挖掘，从而极大地增强了银行的数据处理能力。

其次，大数据和云计算技术增强了银行数据的存储能力和可靠性。一方面，云中的众多服务器正好可以提供大量的存储能力，网络中不同类型的大量存储设备通过应用软件集合起来协同工作，满足银行业务不断增长带来的庞大数据存储需求。另一方面，大数据和云计算也能提高银行数据的可靠性。即使某台服务器出现故障，云中的服务器也可以在极短时间内快速将其数据拷贝到其他服务器里，并启动新的服务器来提供服务。

最后，大数据和云计算技术能降低银行成本，提高银行运营效率。随着金融业的不断发展，银行业务逐渐从一个地区扩展到其他地区，分支机构不断增多。为此，银行就不得不花费大量的资金购买数量众多的计算机设备，从而造成银行运营成本急剧上升。然而，如果银行采用大数据和云计算技术，就能够成功地将大部分IT 成本转嫁，极大地提高运营效率。

基于区块链技术的数字货币也可能运用于金融市场基础设施中。[①] 对于近年来兴起的数字货币，很多国家中央银行表现出了极大兴趣，尤其是作为支付手段的数字货币，可以作为零售支付领域的一种非银行创新。现金作为最常用的零售支付手段，虽然有很多价值，但在数字经济时代或多或少显得有些落后。

随着数字金融的发展，以支付宝、财付通等为代表的第三方支付行业在诞生之初，就游离于原有治理体系之外，并通过与各家银行分别签署点对点的资金托管、划付协议形成了错综复杂的结算结构，使得央行无法有效实现穿透式监管。[②] 区块链技术及其产物——数字货币的出现及快速发展，非中心化结算系统日益成为独立于原有结算系统外的"新生物"，并成为监管的新盲区。在非中心结算的技术构架中，虽然每一笔交易都有记录，但又都匿名，无法实现真正意义上的监管和追溯。因此，利用区块链技术及数字货币建立嵌入式结算监管体系、建立完善的数据分析机制、将基于区块链"地

[①] 黄尹旭：《区块链应用技术的金融市场基础设施之治理——以数字货币为例》，《东方法学》2020 年第 5 期。
[②] 孙友晋、王思轩：《数字金融的技术治理：风险、挑战与监管机制创新——以基于区块链的非中心结算体系为例》，《电子政务》2020 年第 11 期。

址"和现实中的具体交易相联系，突破其匿名限制，打造嵌入式结算治理工具，应当是现代金融治理体系构建有效治理工具的主要目标。

区块链本质上是集存储、传输、访问、共识于一体的分布式数据库机制。[①] 利用区块链技术去中心化、透明性、可信赖、不可篡改性、加密等优势特征，可以有效实现区块链下的数据治理，保障数据存储和传输的安全性和隐私保护性，并厘定数据产权，促进数据共享和流动，发挥数据产权最大效用。因此区块链是数据治理的天然工具，区块链技术在金融机构内部数据治理上有着天然的优势。随着区块链技术的日益成熟，区块链技术与数据治理相结合将成为未来数字金融治理的一个重要发展趋势，对于我国金融行业而言是需要重点关注的一项关键方法。

金融科技第一代主要是金融与互联网等信息技术的结合，即"金融＋互联网"或"金融＋IT"。信息科技作为经济社会的一个组成部分，毫无疑问会对金融产生巨大影响，金融领域的改革在技术层面上更多地体现为信息科技的运用和发展。然而，技术赋能金融只是开端，技术让金融更好地服务和推动商业及生活才是真正

---

① 巴曙松、乔若羽：《区块链技术赋能数字金融》，《金融科技时代》2021 年第 7 期。

的发展方向。中国现在有微信和支付宝这两个超级手机应用，通过不断更新算法和模型，重新定义业务，收集和拥有了海量的用户线上线下生活中各个方面的行为数据，包括移动支付、网购、个人信用评分、贷款、生活账单、交通出行、餐饮，以及医疗挂号等，借此为客户提供导向型、定制化的服务，让产品和时代接轨，不断丰富互联网和移动支付场景，建立了一个完整的金融生态圈。

由此可见，金融科技第二代主要是金融与人工智能等数字技术的结合，即"金融＋人工智能"。金融是一系列决策结果的组合，人是决策的主体，同样一个机构和平台，不同的人去参与和操作，可能引出完全不同的结果，所以人是金融的核心竞争力，人工智能将作为金融市场治理的有效工具发挥越来越重要的作用。

六、数字治理的挑战

（一）数据孤岛

"数据孤岛"现象是从人类进入工业社会以来就困

扰治理过程的一个难题。① 这个问题根源于政府体系的科层结构。在这个结构中，复杂的任务被分解为小的、相互独立的部分来处理。对于每个独立的部分，政府往往出于治理的实际需要，单兵作战，定向收集数据，造成了数据信息的条块分割。② 如果在数字政府建设过程中缺乏标准化，导致没有统一的技术标准、数据标准、接口标准，难于实现数据统一标准的归统和整合。③ 随着社会的发展，一些社会问题越来越成为不可分解的整体性问题，无法用条块分割的数据来解决。所以，数字治理中的"数据孤岛"及其所造成的信息分割影响了政府运行的效率，也降低了政府管理和服务社会治理的效率。

"数据孤岛"问题的解决需要多方面的努力。首先，从国家层面加快"数字政府"的顶层设计可以帮助行政部门在统一概念和语义下进行跨部门协调。其次，在建设数字政务平台时，需要在较大范围内得到基层公务员的认同和社会公众的认可，使之参与到数字政府的建设中来。④ 最后，需要加强治理的协作，包括政府内部治理机构之间的协作，包括政府与外部主体如市场主体、社

① 张海波：《大数据驱动社会治理》，《经济社会体制比较》2017 年第 3 期。
② 顾爱华、孙莹：《赋能智慧治理：数字公民的身份建构与价值实现》，《理论与改革》2021 年第 4 期。
③ 周雅颂：《数字政府建设：现状、困境及对策——以"云上贵州"政务数据平台为例》，《云南行政学院学报》2019 年第 2 期。
④ 周雅颂：《数字政府建设：现状、困境及对策——以"云上贵州"政务数据平台为例》，《云南行政学院学报》2019 年第 2 期。

会组织、网络社群、研究机构等组织之间的协作。政府机构内部通过数据的在线整合可以实现跨部门的信息流、业务流的协作；政府和数据企业在数据挖掘、处理技术等方面的协作，与研究机构在相关研究、数据处理与分析能力等方面的协作，可发挥多主体协同的优势。这些协作能让数据流动起来，让"数据孤岛"问题得以解决。

（二）个人信息保护

以信息化、数字化、智能化为核心的数字治理过程已深入到公共生活的各个领域：打开购物网站，后台根据用户的搜索记录精准推送商品；注册电子会员，节假日都会收到祝福和问候。但是，这种便利是以可能泄露个人信息为代价的，电商、社交软件过度收集个人信息正成为新的社会问题。

新技术、新业态和新应用的不断涌现，让一切事物包括人在内都有可能被数字化。其中，个人信息既具有天然的社会公共属性，又关乎个人的隐私和尊严。"数字化生存"需要个人让渡部分个人信息。人们的担忧，主要在于个人信息收集、使用过程中的不够透明与不确定性。正因如此，在加强隐私保护成为共识的背景下，怎样处理好维护个人权益与合理使用信息的关系，成为信息社会必须直面的现实课题。

个人隐私保护问题涉及技术和管理两个层面①：一方面，技术发展与隐私保护的冲突是客观存在的。大数据时代的数据收集、整合、关联等活动依靠技术手段实现，这些技术提高数据使用效率，推动数据充分利用的背后，是对个人数据的反复收集与关联分析。技术发展与隐私保护的悖论指出，大数据时代一系列数据处理活动必须建立在对个人信息获取的基础上，然而在错综复杂的网络联系中，有效区分隐私数据和公共数据的难度非常大。个人被卷入不平等交换的"数字漩涡"，记忆变得容易，遗忘却变得困难，个人数据一旦被获取，就无法摆脱自动化监视和被二次利用的命运，由此带来数字化治理中的隐私泄露问题。

另一方面，管理层分为三个主体：一是政府作为最大的信息收集者和信息资源库，承担着数据开放和数据保护的双重职责，在推动公共信息资源充分利用和增值的同时，也加大了公民隐私泄露的风险，这反映了公共利益和私人利益之间难以平衡的问题，能否兼顾两者平衡将决定数据开放深度和隐私保护的强度；二是信息从业者作为市场的活跃参与者，其市场活动必须依赖于对

---

① 祝阳、李欣恬：《大数据时代个人数据隐私安全保护的一个分析框架》，《情报杂志》2021年第1期。

用户信息的收集和分析，以实现第一时间获取市场洞察和用户需求，实现自身利益最大化，行业规范和行业自律缺失的背后隐藏着巨大的安全隐患；三是公民作为个人隐私所有者，其信息自决权和数据保护意识缺失，没有考虑自身行为带来的隐私安全问题，难以察觉可能存在的隐私风险，自然也就无从维权。

数字社会必须处理好个人信息保护的问题，这也是数字治理本身的内容。国家必须在个人信息保护和数据治理体系中扮演重要的规制者角色。[1]在数据成为生产要素的今天，过度限制信息使用会影响人们通过信息分享造福社会的互联网精神，而个人信息被滥用、个人隐私被侵犯也会使得社会环境恶化，保持数字社会良性运行就要找到个人信息使用和保护的边界。[2]

（三）伦理与情感

数字时代催生"数字政务""数字公民"以及"数字金融"等现代化治理工具，极大地提高了我国治理体系和治理能力的现代化水平。然而，数字化转型也不可避免地带来了新的伦理问题。当智慧医疗设备由于系统

---

① 王锡锌：《国家保护视野中的个人信息权利束》，《中国社会科学》2021 年第 11 期。
② 王俊秀：《数字社会中的隐私重塑——以"人脸识别"为例》，《探索与争鸣》2020 年第 2 期。

故障或者电力供应方面出现问题等原因做出错误诊断或行为，从而导致医疗事故的发生，该如何判定医疗损害责任？人工智能技术极易被滥用，导致虚假信息频发、不良信息泛滥，加大数字内容治理难度。例如，某些应用软件利用深度伪造技术能够实现图像、音视频的生成或修改（如 AI 换脸），达到不良信息内容的"以假乱真"，甚至抹黑政治人物，严重影响社会管理秩序。[①] 在加速发展的数字时代，几乎每个人都可以感受到自己正置身一场由数字技术驱动的前所未有的社会伦理试验之中，不能不正视和反思由此带来的价值伦理问题。

纵观数字技术的伦理问题，一个重要的原因是由科技加速创新所导致的价值、伦理和法律等方面的观念和规范相对滞后等现象。观念和规范上的滞后，使得对数字技术造成的各种负面影响的应对面临盘根错节的利益分配和价值抉择。解决这一问题的治理思路应该是促使社会、企业和个人等多元主体通过价值观、伦理规范加以柔性调节，进而在实践中形成数字时代人人必备的伦理智慧。数字生活不能没有伦理智慧，伦理底线无疑是数字技术的协同治理与迈向数字中国的美好生活必不可少的基础性环节。

---

① 王亦菲、韩凯峰：《数字经济时代人工智能伦理风险及治理体系研究》，《信息通信技术与政策》2021 年第 2 期。

数字世界中最重要的一部分是"人"的数字化。"数字公民"是公民的数字化或数字化的公民。近年来，随着我国以数字化推进市域治理现代化的智慧城市建设不断取得新进展、新突破，人工智能等技术已经逐渐超越了自身的工具属性，超越了自身作为治理工具的选择性存在而成为固定的结构，但社会治理的关键点不在技术，而在于智慧。数字治理超越了技术性解读惯性的概念，促进了人的全面发展、社会的整体进步和治理水平的系统提升。人作为其中最活跃的因素，也被赋予了新的治理身份，即获得认可并积极行动的数字公民。①

当今时代，互联网、移动互联网解决了"事"的数字化，物联网正在解决"物"的数字化，"人"的数字化更是犹如数字世界之两翼，是数字世界重要的一部分。在网络世界，网络实名制难以实现，给网络空间治理和诚信体系建设带来很大的困难，同时也极大阻碍了提升现代化治理能力的进程，造成这一系列问题的核心原因在于缺乏公民的数字化身份，因而"数字公民"的产生显得尤为重要。

"数字公民"基于可信数字身份的签发与管理，支撑以"身份通行"与"数据通行"的强大技术，数字世

---

① 顾爱华、孙莹：《赋能智慧治理：数字公民的身份建构与价值实现》，《理论与改革》2021 年第 4 期。

界"1+2"得出答案是无限可能的 N。通过各种终端获取的数据，在各种平台之间实现数据的互联互通，形成数据的标准化与可视化。充分运用信息化整合对接各级政府的服务及社会服务资源，以大数据能力进行服务界面优化、形式创新、能力提升，为百姓提供高品质、低成本、方便快捷使用的服务交付过程。快速迭代、持续完善的"数字公民"运营体系，在不改变现有政府条块化纵向治理体系基础上，进行社会治理和公共服务体系软重构，让人民群众在家里、掌心就能办成事、办好事。[①]帮助每个公民以最便捷的方式有序参与到共建共治共享的社会治理体系中，形成全民能参与、愿参与局面，即可推动政府与公民合作管理的善治模式。

"数字公民"的需求不同于传统治理背景下的公民需求，只有更高水平的治理能力、更高层次的数字技术等进行无缝衔接和合作，才能使数字公民的实质内涵得以清晰展现，数字公民的价值得以真正实现，从而将传统粗放式、经验式的社会管理升级为精细化、数字化、智慧化的社会治理新模式。

---

① 王晶：《"数字公民"与社会治理创新》，《学习时报》2019 年 8 月 30 日。

（四）数据安全与数据战

随着新一轮科技革命和产业变革的到来，世界各主要数字大国都参与到数字战略竞争中，展开了以数据为目标的全面竞争，数据作为一种关键的国家战略资源的重要性开始显现，其重要性逐渐从单纯的"生产要素"层面延伸到微观的"个人安全"和宏观的"国家安全"层面。在此背景下，已经有不少国家开始推行保护主义的数据战略，实施各类数据本地化的政策，全球的数字治理呈现从"总体治理"向"分而治之"变化的趋势。①

数据在当前已经成为国际权力的重要来源，捍卫国家利益是驱动一个国家诉诸"数据战"的基本逻辑与核心考量。然而，当前在世界范围内数字治理仍存在着亟待解决的重大难题和完善的治理体系。在有效治理缺失的情况下，"数据战"给国际政治经济环境带来了多方面的影响。

首先，数据对于国家经济增长和市场繁荣至关重要，在大国"数据战"的背景下，以往就存在于跨国企业之间的零和竞争思维进一步扩大，主要互联网国家纷纷出台政策企图开展数据保护，以获得对数据的排他性

---

① 杨楠：《大国"数据战"与全球数据治理的前景》，《社会科学》2021年第 7 期。

独占行为。① 这种全球性的数据保护主义使得"数字技术壁垒"不断强化，跨境数字贸易成本居高不下，国家间数字领域的合作意愿进一步降低，全球数字经贸体系将受到巨大的冲击。

其次，互联网最初因军用需求而建立，军事与安全始终是其发展演进过程中的一个重要维度。进入 21 世纪后，网络技术在经历迅猛发展后具备了成为武器的能力，为全球带来更多风险及不确定性。各国在感知自身脆弱性的同时，意识到网络空间作为大国竞争领域的重要意义，并因此致力于将网络相关的资源及技术持续投入军事和安全领域，以实现战略目标。全球范围内，围绕数据篡改、破坏和干扰的网络攻击频率居高不下，给国际经济社会发展带来了严重的打击。

大国"数据战"带来了一系列全球性问题，给全球数字领域发展带来了更多的不确定性。正是因为传统治理机制回应新型问题受阻，新规则和新秩序构建仍不完善，只有各国携手共同参与全球数字治理才能推出更为有效的治理机制来解决全球治理困境。

---

① 毛维准、刘一燊：《数据民族主义：驱动逻辑与政策影响》，《国际展望》2020 年第 3 期。

七、数字治理的未来与政策建议

（一）中国数字治理未来趋势

数字治理作为现代信息技术与治理理论融合的新型治理模式，已经成为全方位数字化转型的重要驱动力量。一方面，数字治理正在打破政府内部数据孤岛、重塑业务流程、革新组织架构，打造出权责明确而又精简、高效、统一的数字政府；另一方面，数字治理反哺更为广阔的经济和社会数字转型，既为市场增效，又为社会赋能。[①] 进入 21 世纪以来，我国数字治理已初见成效，治理水平得到了极大的提升。未来，我们必须抓住全方位数字转型的历史机遇，有效地运用数字技术，从实际国情出发，针对数字化发展问题采取有效措施，消除隐患，强化数字治理，提升国家治理效能，推进国家治理现代化进程。

1. 政府牵头，强化数字治理认知

强化各级政府对数字治理的认知，提升各地区政务服务数字化水平，解决数字鸿沟难题，提升数字领导力。数字领导力是数字时代国家治理体系变革赋予政府

[①] 王放、姚敏：《新形势下提升数字治理能力的有效路径》，《人民论坛》2021 年第 18 期。

机构的新使命,是统筹协调数字化转型过程中的"指挥中心"。这就要求政府必须明确数字政府治理的定位,积极采取数字化方式逐步取代以往传统的业务流程;加强与民众的互动对接,鼓励民众建言献策,盘活社会资源,消除政策盲点,打造共建共享的数字治理格局。

2. 多元共治,打造协同治理格局

通过政府主导、企业协同的方式,营造公平竞争的市场环境,运用数字技术激发全社会创新创造活力。习近平总书记强调:"要加强政企合作、多方参与,加快公共服务领域数据集中和共享,推进同企业积累的社会数据进行平台对接,形成社会治理强大合力。"[①] 促进社会治理主体由一元向多元转化,加强各主体信息沟通与协作,充分考虑多方需求,实现整体利益最大化,推动共建共治共享的社会治理体系建设。

3. 人民主体,全心全意为人民服务

人民群众始终是数字治理进程的根本着力点,必须充分调动人民群众的主体意识和参与感,为数字治理奠定坚实的群众基础。基于此,可以充分利用大数据和新媒体技术加大对数字治理的宣传力度,提升群众线上办

---

① 中共中央党史和文献研究院编:《习近平关于网络强国论述摘编》,中央文献出版社 2021 年版,第 135 页。

事的认知度，进而提升民众的参与度、满意度与获得感。同时，也必须从群众需求的角度出发，切实做到全心全意为人民服务。

4. 加强监管，完善数据安全法律法规

加强信息安全监管，完善数据安全法律法规，提升数据安全治理能力，充分利用人工智能技术，为数字治理构建智慧防线。充分挖掘人工智能技术的潜能，查漏补缺，建立国家数据智慧防线，自动识别数据泄露渠道并进行封锁，建立失信名单，给人们的生活带来更多安全感。

（二）全球数字治理发展展望

随着数字全球化纵深发展，如何更好兼具效率与公平，协调不同治理主体间的分歧，更好地推进全球数字合作，既是未来全球数字治理的重要方向，也对我国参与制定数字领域国际规则和标准提出了新的挑战。

新科技革命拓展了人类思想及行动的新疆域，数字技术、数字经济、数字全球化等领域产生大量规则空白，与全球治理面临的新挑战、新问题相互叠加，制度供给短缺现象愈加突出。在新冠疫情、经济衰退、贸易摩擦等全球外部环境剧烈变动的情况下，新规则新方略

的构建需求更为紧迫。全球主要国家和地区先后步入数字化转型阶段，纷纷出台数字政策，引领国家对内扶持产业发展，对外争取更大市场，规则输出意愿增强。当前，以货物贸易电子化为代表的治理规则日趋成熟；以数据跨境流动、个人信息保护、计算设施本地化、数字知识产权、平台治理与中介责任、数字税、人工智能治理为代表的相关规则正在竞争中构筑；以数字货币治理为代表的规则正初露头角。[①]

面对全球治理碎片化的风险，首先要在数据跨境流动和个人数据隐私之间寻找一个符合国情的"平衡点"，调和国家与国家之间的矛盾与分歧，同时满足发展与安全的双重需求。与多边主义遭受多重压力进展缓慢相比，双边和区域机制持续保持活跃，承载数字治理规则的双诸边贸易协议持续涌现，并在此基础上建立超越国家的治理框架，引领全球治理朝着高效协同的方向发展。[②] 未来国家间在数字治理规则上的竞争与合作将继续强化，全球数字治理将迎来规则重构的关键期。

结合中国的治理经验，针对全球数字治理，可以从以下四方面入手：首先，联合国可充分发挥其在全球数字治理中的主导作用，联合广泛的利益相关方，建立共

---

① 中国信息通信研究院：《全球数字治理白皮书》（2020）。
② 杨楠：《大国"数据战"与全球数据治理的前景》，《社会科学》2021年第 7 期。

享数字产品和汇聚数据的平台。其次，呼吁私营部门、民间社会组织等通力合作，建立以政府为主导的多边协作机制，将社会组织制定的标准嵌入全球数字治理，调动社会组织的积极性，打造一个和平、安全、开放、合作的数字环境。再次，涉及人工智能伦理道德问题，可以建立明确的责任机制，始终坚持以人为本，以保护人民的信息安全为宗旨，限制违背道德规范的研究和生产行为。最后，"软治理机制"先行，"硬治理机制"提供保障。充分参考各方的价值观和原则，促进世界各国相互沟通与理解，以一种具有适应性、包容性、敏捷性的方法适应快速变化的数字时代。

新时代金融治理刍议

吴 文

北京大学习近平新时代中国特色社会主义思想研究院研究员，研究方向为习近平经济思想、马克思主义政治经济学、中国特色社会主义金融体系。

社会主义市场经济是一个伟大创造。社会主义市场经济中存在各种形态的资本，要发挥资本作为生产要素的积极作用，同时有效控制其消极作用。社会主义国家要为资本设置"红绿灯"，依法加强对资本的有效监管，防止资本野蛮生长。

由于全球资本运动已经进入金融资本阶段，因此对资本进行管控的关键在于金融治理。金融也是现代国家竞争力的核心，是经济的血脉，国家治理离不开金融治理。目前，有关部门出台并实践了一系列以防控和化解系统性金融风险的政策，我们亟须研究并总结提炼其中的体现社会主义特征的金融治理实践，并对社会主义市场经济理论的发展完善作出建构性贡献。2021 年 7 月 31 日，北京大学习近平新时代中国特色社会主义思想研究院举办了第三期新时代青年论坛，围绕"新时代的金融治理"展开学习研讨。

北京大学习近平新时代中国特色社会主义思想研究院副院长韩毓海在致辞中指出：习近平经济思想是习近平新时代中国特色社会主义思想的重要组成部分。要深刻理解新发展理念、新发展阶段和新发展格局，我们必须不断深入理解"三去一降一补"战略部署，从宽阔的世界视野和深邃的历史眼光，深入领会"补短板"、防范金融风险的重大意义。在 7 月 30 日召开的中共中央政治局会议，全面分析研究了当前的经济形势。新时代青年学者理应紧跟党中央战略部署，认真学习领会，并把中央战略融化到自身的研究中去。

来自北京大学、中央财经大学、中国建设银行总行、中国银行总行、中欧国际工商学院、中国出口信用保险公司的七位青年学者分别从社会主义市场经济中的系统性金融风险、货币政策和金融稳定、中国基金市场运行实情对完善金融市场微观治理结构的启示、政治制度影响银行行为的近代中国历史经验、中国银行业风险管理、人工智能方法在公司金融治理中的应用前景、保险在应对气候变化风险上的国际经验与中国实践等方面进行了研讨。

一、社会主义市场经济中的系统性金融风险

　　北京大学习近平新时代中国特色社会主义思想研究院的研究员吴文认为，对中国系统性风险及防控的研究必须置于社会主义市场经济的制度背景下。社会主义市场经济赋予了防控系统性金融风险的"可能性"。"可能性"是一个关键词。

　　党的十九大报告要求守住不发生系统性金融风险的底线。这个要求其实在理论上是有两层含义的：第一，不同于资本主义市场经济，社会主义市场经济具有防范金融危机爆发的可能性；第二，系统性金融风险依然对社会主义市场经济造成威胁。

　　从事后的结果上看，我们最终防控住了系统性金融风险的爆发，但是从事前来说，不能用"必然性"去代替"可能性"。这是因为，"必然性"就意味着一定能防控住系统性金融风险的爆发，而将守住不发生系统性金融风险视作底线思维，就说明系统性金融风险确实对经济运行造成威胁，有爆发的可能。"可能性"说明既有爆发的可能，也有守住的可能。对比而言，在资本主义市场经济条件下，系统性金融风险必然是周期性的爆发，不存在这种"可能性"。

　　事实上，党的十九大报告的两点，即"我国社会主要矛盾已经转化为人民日益增长的美好生活需要和不平衡不充分的发展之间的矛盾"和"守住不发生系统性金融风险的底线"是联系在一起的。①"守住不发生系统性金融风险的底线"的要求属于"完善社会主义市场经济体制"的内容，且是该部分的最后一句话。经济发展不平衡不充分是系统性金融风险的底层根源，通过防控系统性金融风险完善社会主义市场经济体制，则有助于解决发展不平衡不充分的矛盾。

　　系统性金融风险可能导致金融危机，会使市场发生剧烈波动，使经济和就业遭受重大冲击，引致"明斯基时刻"的降临。②依据这种观点，守住不发生系统性金融风险的底线，也意味着我们要避免"明斯基时刻"的到来。当然，明斯基理论本身需要再分析。

　　还有观点认为，系统性金融风险是相对于单体风险而言的，是一种共振性、全面性的金融风险，其冲击性、破坏性，远比单体的金融风险大。③

　　这两种观点都提到了系统性金融风险，但其实是有

① 习近平：《决胜全面建成小康社会　夺取新时代中国特色社会主义伟大胜利——在中国共产党第十九次全国代表大会上的报告》，《人民日报》2017年10月28日。
② 周小川：《重点防止金融出现"明斯基时刻"》，经济日报—中国经济网2017年10月20日。
③ 王兆星：《防范化解系统性金融风险的实践与反思》，《金融监管研究》2020年第6期。

差异的。这就涉及系统性金融风险的词义辨析。对应于中文里的"守住不发生系统性金融风险的底线"中的"系统性风险"，英文是 Systemic Risk，直译应是"系统风险"，就是对系统本身有破坏作用，这种风险当然是不常发生的。另一个高度关联的词就是 Systematic Risk，即"直接系统性风险"，是一种不可分散的市场风险，对应着可分散的异质性风险。这种系统性风险实际上是常常发生的，而且当 Systematic Risk 发生时，系统（System）本身一般不会出大事，当然也有可能。

当然，这两个词又有关联。系统风险是可以通过系统性风险来表现的，就是如果发生了系统风险，在现代市场条件下，一定会表现为系统性的风险。反过来说，股市暴跌情况特别严重的时候，也会引起人们的担忧与猜测：是不是要爆发金融危机了？但股市暴跌也有可能只是所谓不可分散的风险的表现。

系统风险的定义至今还存在很多争论，而且政治经济学视角的研究是不足的。我们就尝试从政治经济学的角度来界定一下这个词的含义。

恩格斯见证了比较发达的金融市场，而且有 40 年的金融证券从业经验。当年有一个人试图写信向恩格斯求教，他想用荷兰的金融市场危机来解释很多经济现象。恩格斯就在回信中写道：这种危机本身多半是一种征兆。这就是说不能仅就从金融系统内部来谈金融危机和系统性金融风险。但是，恩格斯又承认金融有自己的独立性。他说："金融市场也会有自己的危机，而且工业中直接的紊乱对这种危机只是起从属作用，甚至根本不起作用。"

至此，我们再次回顾前文中的两种观点关于系统性金融风险的不同阐述，就会发现第二种观点更着重于金融市场内部，而第一种观点则强调了金融系统与实体经济的联动。所以，这两种对系统性金融风险的阐述是有差异的。

进一步来说，我们就可尝试对系统性金融风险（Systemic Risk）的概念做一个区分：一种是 Systemic Risk Within Financial System，即金融系统内的系统性风险。另一种是 Systemic Risk with Feedback between Financial and Economic System，即这种系统性风险呈现出金融和经济系统间的交互，金融危机可以蔓延到实体经济。反过来说，金融危机也根源于实体经济的问题。对于 Systemic Risk Within Financial System（金融系统内的系统性风险），可以举个例子。邓小平曾说："证券、股市，这些东西究竟好不好，有没有危险……允许看，但要坚决地试。看对了，搞一两年对了，放开；错了，纠正，关了就是了。"① 如果股市真关掉了，股市这个金融系统本身就没了，这当然是这个系统本身的风险，它就是 Systemic Risk Within Financial System。但邓小平说这句话的时候，肯定也是考虑了股市对实体经济可能潜在的影响，不致使这种风险转变为 Systemic Risk with Feedback between Financial and Economic System。

我们再看恩格斯对于危机的论述："在危机中，社会化生产和资本主义占有之间的矛盾剧烈地爆发出来。商品流通暂时停顿下来；流通手段即货币成为流通的障碍；商品生产和商品流通的一切规律都颠倒了过来了。经济的冲突达到了顶点：生产方式起来反对交换方式，生产力起来反对已经被它超过的生产方式。"② 由于货币是最基本的经济和金融系统的基础设施，当货币出问题了，货币成为流通的障碍，那这种系统性风险就不单是金融系统内的了，而是 Systemic Risk with Feedback between Financial and Economic System。

至此，我们再回过头来了解一下"明斯基时刻"。在明斯基的理论中，经济体系内有三种不同的融资结构：（一）可以支付本息；（二）只能支付利息；（三）庞氏融资，即不能支付利息。前两者是稳定的融资结构，第三

---

① 《邓小平文选》第 3 卷，人民出版社 1993 年版，第 373 页。
② 《马克思恩格斯选集》第 3 卷，人民出版社 2012 年版，第 664 页。

种是不稳定的融资结构。由于微观投资主体的冲动与投资边际收益递减规律，稳定的融资结构会自动滑向不稳定的融资结构。实际上，"明斯基时刻"的爆发肯定依赖于经济上的投资收益的下滑，所以它实际上涉及经济和金融之间的互动。但是，很多明斯基式的学者在阐述金融危机时，要么侧重于金融系统本身，要么在宏观上试图完全用微观上的机制去解释，缺乏马克思主义政治经济学的宏观整体视角。

2013 年，克鲁格曼便认为中国经济内部面临"再平衡"。他认为：中国经济发展面临内部"再平衡"的张力。中国在"使经济发展成果惠及最广大的普通群众"方面尚有较大提升空间。克鲁格曼得出这一判断的理由正是明斯基式的："中国经济越过刘易斯拐点为出发点，判定投资收益率的下降和高的投资比例（这对应着企业部门的高杠杆）的结合使得中国经济的融资结构离开稳定的对冲性融资类型。"

马克思也认为内部不平衡会引起系统性风险："一切现实的危机的最终原因始终是：群众贫穷和群众的消费受到限制。"[①] 所以，我们才说党的十九大所提到的解决发展不平衡不充分问题和系统性金融风险防控任务是相关联的。

---

① 《马克思恩格斯选集》第 2 卷，人民出版社 2012 年版，第 586 页。

当然，这两点都离不开社会主义市场经济的条件。因此，我们首先要知道社会主义市场经济和资本主义市场经济的关键区分，也只有基于这个关键区分，我们才能够去论证存在系统性金融风险不爆发的可能性。

关于"量"的区分的论述已经很多了，就是公有制是否占主导地位。但是，"量"的区分背后蕴藏着什么样的"质"的规定性？这就涉及市场运行逻辑的区分。在理论上（现实不一定完全符合理论），公有制市场经济应遵循价值的等价交换，包括跨期交换，而且是以生产为导向的。而资本主义市场经济则遵循以资本—劳动结构为支撑的不等价交换，是以利润为导向的。在资本主义市场经济中，即使国有企业也是服务于经济整体的利润目标的。反过来说，社会主义市场经济条件下，国有企业服务于整体的生产性目标。社会主义市场经济中的利润目标只能是一种中间目标，是手段，不是最终的目标。当这个手段和最终目标发生冲突的时候，我们当然优先考虑生产目标，如可以用政策引导，将利润目标暂时搁置。

二、货币政策和金融稳定

中央财经大学金融学院副教授王忏认为，货币政策的主要目标就包括维护金融稳定，因此系统性金融风险防控离不开货币政策调控。

首先让我们回顾一下货币政策方面的一些指标。在2021年第一季度中国的货币政策执行报告中，在3月末的时候，M2是227.6万亿元，社会融资规模为294.55万亿元，其中，人民币贷款是179.51万亿元。整个上半年中国的GDP是53万亿元。央行和金融机构的7天回购利率DR007大致在2.3%，体现资金的价格基准。贷款的加权平均利率是5.1%，金融机构的超额准备金是1.5%，第一季度人民币和美元的最高汇率是6.1，最低是6.57。还有CPI指标，6月份是1.1%，5月份是1.3%，回落了0.2个百分点。

刻画金融风险的指标主要包括信贷、杠杆率和资产价格。信贷是179.51万亿元，中国经济里面总的债务占GDP的比例是25.4%，居民部门是62%，非金融企业是158.8%，政府是44.6%。资产价格用股票和房地产价格来衡量。我们知道上半年房地产无论从成交量还是价格都是有非常火爆的上升，中央经济工作会议首先强调了稳地价、稳房价、稳预期。资本市场的上证指数现在是3397点，创业板是3740点，资本市场的波动也比较大。

这是对货币政策和系统性风险指标上的一个概览。

我们知道谈货币政策离不开国际货币体系。全球货币体系的演进主线是从国际金本位到布雷顿森林体系，然后从 1976 年进入牙买加体系。国际金本位时期主要是从 1870 年到 1914 年，1914 年第一次世界大战到第二次世界大战之间，国际货币体系是比较混乱的。1944 年，在美国布雷顿森林召开国际会议，成立世界银行和国际货币基金组织，建立战后的国际经济秩序，建立了布雷顿森林体系：美元和黄金挂钩，其他国家的货币与美元相互挂钩，维护固定汇率制。1971 年布雷顿森林体系开始解体，1976 年全面进入牙买加体系。在牙买加体系中，各国货币与美元脱钩，美元与黄金脱钩，实行浮动汇率制。从 20 世纪 70 年代开始，全球进入了一个金融自由化的阶段，汇率可以自由地浮动，美国逐渐解除对金融的严管制。从 1986 年开始美国实现了利率市场化。1999 年，美国废除了《格拉斯—斯蒂格尔法案》，通过了金融服务现代化法案，允许混业经营。

国际货币体系的变更塑造着一国货币政策的外部框架。央行使用货币政策工具要实现的最终目标，主要包括充分就业、经济增长、国际收支平衡、金融稳定以及物价稳定。但是，在不同历史阶段，这些目标的重要性是不一样的。大萧条时期，央行强调要实现充分就业，在大萧条以后到 20 世纪五六十年代，则更强调经济增长。在布雷顿森林体系解体以后，各国主权货币和黄金脱钩，物价开始上涨。20 世纪 70 年代有一个石油冲击，美国的通货膨胀比较高。所以，央行在 20 世纪七八十年代更强调稳定物价。同时，各国货币与美元脱钩以后，一些经济开放程度比较高的国家的经常账户开始出现赤字，包括美国。这个时候，央行也强调货币政策也要服务于外部的均衡，维持国际收支平衡。

2008 年国际金融危机爆发后，各国货币政策比较强调维持金融稳定。央行的货币政策工具一般有三类：公开市场操作、再贴现政策和准备金政策。央行通过选择货币政策工具，影响操作指标，进而影响中介指标，通过这个作用链条再实现其最终目标。操作指标一般是基础货币和基准利率。中介指标一般是货币供应量和市场利率，以及信用总量指标。央行要实现货币政策的最终目标，离不开传导机制。其中包括资产价格的渠道，如利率渠道、汇率渠道，以及股市的财富效应渠道。这些渠道都可以影响经济的总需求，最终影响消费、投资。

在国际金融危机爆发以前，各国央行都把自己的主要目标定在控制通货膨胀，维持价格水平稳定。美国的货币政策在 1993 年推出泰勒法则，名义利率要对通货膨胀和产出缺口作出反应。这个时期货币政策在维持价格水平稳定方面取得了比较好的成绩，全球通货膨胀水平都比较低。这个时期也叫作"大缓和的时代"。虽然维持价格水平的目标实现得比较好，但央行没有考虑到自己的货币政策对资产价格和杠杆的影响，这个时候金融系统内在的风险不断累积。当然，20世纪七八十年代一直到这次金融危机爆发，全球也出现过金融危机，包括80年代的拉美债务危机以及90年代东南亚金融危机，但发达国家认为这是拉美国家和亚洲国家自己的金融机构和金融体系有问题，是制度的问题，而西方国家的金融系统是比较稳健的，但这次金融危机改变了这种认识。

其中一个很核心的机制是金融摩擦的放大机制。一般来说，当央行货币政策放松的时候，伴随着利率降低、信贷扩张，需求会上升，需求上升又推动了资产价格的上升，其中就包括商业银行放贷时的抵押品的价格。这就降低贷款人的逆向选择和道德风险，随着抵押品的价值上升，贷款人能从银行贷来更多的钱。所以，这就存在一个金融摩擦的放大机制，使得信贷能够进一步放大。这又使得到信贷的主体的消费和投资上升，推动需求进一步上升，需求上升又推动了资产的价格上升，抵押品的价值上升，然后信贷进一步放大，这就进入一个正反馈循环。

这里边有什么问题呢？随着资产价格的上升，杠杆也在上升，所以，金融部门的系统性风险在累积。货币政策对经济的调控是逆周期的，但是金融摩擦机制是顺周期的，能放大风险。忽视这个问题会导致风险在一定的时刻爆发，会对经济造成非常大的负面冲击。这次金融危机爆发以后，美联储和西方国家改变了自己的货币政策，包括短期利率降到零以下。这时流动性陷阱就发生了，货币政策对实体经济的影响就变弱了。这个时候就需要非常规的货币政策，包括量化宽松、扭曲操作、前瞻指引、财政赤字货币化等。

2008 年国际金融危机爆发后，各国金融监管层对货币政策进行反思，认为在关注物价水平稳定的同时也要关注金融稳定，加强宏观审慎监管，货币政策和宏观审慎监管需协调配合。宏观审慎性政策工具包括资产类、资本类、流动性类，还包括汇率的逆周期调节因子、房贷的首付比例等。

但一个很重要的问题是：虽然引入了宏观审慎性政策，以同货币政策协调配合，但金融危机爆发以后，全球的货币政策有效性都在下降。为什么货币政策有效性会下降？肯尼思·罗戈夫认为是因为杠杆率过高，当杠杆超过 90% 的时候，经济增长大概率下滑。劳伦斯·萨默斯提出长期停滞经济假说，认为持久的经济增长乏力的主要原因包括人口老龄化和贫富差距过大。

货币政策有效性下降其实是结构性的问题。我们知道货币政策虽然有一些结构性的工具，但它跟财政政策相比，调结构效果要差一些。所以，货币政策和财政政策协调配合的讨论非常多。这里的财政政策就包括调节收入分配不平等。我们知道收入比较高的人的边际消费倾向比较低，而收入比较低的人的边际消费倾向比较高，但是又没有支付能力，低收入群体的杠杆就比较高。有学者认为，要素市场初级分配方面的工作远比货币政策有效性高。

货币政策有效性下降问题还和中美金融周期非同步相关联。美国次贷危机爆发时经济下行，金融周期处于下半场，我国推出 4 万亿元投资计划，经济好转。当美国去杠杆后，资产价格泡沫被戳破，经济也开始好转，2014 年，美国要退出量化宽松政策。中国经济增速从 2012 年开始下行，2013 年发生"钱荒"，2015 年 8·11 汇改后出现股灾，后来又出现互联网平台的问题，去杠杆期又叠加了中美经贸摩擦，这导致许多企业和地方政府融资平台信用债违约。

在这种金融周期异步的情况下，中国还在推进金融业的对外开放，包括人民币国际化。国际金融危机爆发后，我国在这方面做了很多工作，包括利率市场化、汇率制度改革、人民币入篮。现在央行又推出了数字人民币，它能够实现一些精准的目标。如果央行有超级账户，就能够监控到个体账户的流动性状况，尤其是一部分收入比较低的人。这为先前的普惠金融难题提供了新的希望，原则上，央行可以通过超级账户向低收入群体账户定向注入基础货币。

三、中国基金市场运行实情对完善金融市场微观治理结构的启示

北京大学光华管理学院助理教授沈吉认为，微观市场机制设计是金融治理研究的重要方面，他以公募基金投资对个股波动性的影响为例展开论述。

公募基金是机构投资者。基金的本质很简单，就是把老百姓手里的闲置资金汇集到一起，由专业人士进行多样化投资，在实现稳定收益的同时规避风险。如果基金业能发展好，可以成为实现共同富裕、共同繁荣的一个手段。在国家经历一个比较平稳的发展阶段，老百姓手里就积累了闲余资金，就可以用于金融投资，分享金融发展的红利。

截至目前，在国内 A 股市场上，上海证券交易所和深圳证券交易所大概有超过 4200 只 A 股的股票（主板），基金数量大概有 6000 多家。我国公募基金的投

资标的就包括这 4200 多只股票和其他配置性资产标的。所以，现在基金数量比股票数量更多，对于老百姓而言，选基金比选股票更难。

相比于机构投资者，散户投资者有很多自身的问题，这些问题也是我们感同身受的。首先，散户容易盲目跟风，追涨杀跌，情绪比较冲动，容易听信谣言，会阐释"羊群效应"。其次，散户处理金融信息的能力非常有限，如散户一般很难读懂上市公司的财务报表；一份财务报表可能有 200 页，就算散户有能力读得懂，也没时间读，因为有 4000 多只股票。最后，散户的资金很有限，很难做分散化投资。如此，一般一个人投三五只股票，精力就差不多达到极限了。而且散户有的时候还偏好彩票类的股票，彩票大概率是会亏的，但是有很小的概率可以赢一大笔钱。

而在理论上，基金可以通过冲销散户的非理性交易，降低"市场噪音"。所谓"市场噪音"，就是这些交易本身跟基本面没有什么关系，只是情绪的体现。此外，基金比较擅长价值投资。我们都听过巴菲特的价值投资故事，即寻找价值洼地，寻找被那些市场所误解的好的高价值股票，低价买入，高价抛售，通过纠正市场错误定价赚得差价。很多机构投资者，如养老基金等比较有耐心的基金，采取买入并持有的策略，不是短期主义行为。这些都意味着，在理论上，基金应该起到市场稳定器的作用，和散户的作用正好相反。

这当然是个理论，是我们的一个美好愿望。我们需要探寻的实证问题正是：在现阶段，中国的证券基金到底是否起到了稳定市场的作用？结论是基金的很多投资行为加剧了个股的异常波动。

从 2001 年开始，我国基金如雨后春笋般出现了，发展速度特别快。实证样本期间正是 2001 年第一季度到 2020 年第四季度。基金每个季度会报告所持有的前十大股票，每半年会报告自己整个投资的所有股票，这也就是数据的频率。

实证采用数据回归的方法，解释变量是公募基金持有股票的比例。一只股票被很多基金同时所持有，其原因有多种。一种是所有的基金都认为这个股票是好股票，另一种是一个基金公司知道别的基金公司也会持有这只股票，所以也要去持有这只股票，我们可以认为这就是基金里面的"羊群效应"。我们今天不去探究为什么这只股票会成为基金的重仓股，而是要看一看基金对这只股票的重仓行为、对这只股票本身的价格行为有什么样的影响。

解释变量是在每季度末根据我国全部公募基金披露的前十大重仓股加总得到基金持有该股市市值占该股票

流通股市值的比。被解释变量主要就是股票的异常波动，第一个指标是股票收益率特定的波动率，就是这只股票收益率当中抛掉所有金融市场所公认的定价因子以后，剩余那部分不能被解释的风险，这些风险很可能跟很多因素相关，如公司的名字、国家的政策对这个行业或者对这个公司的影响、外贸风险等。特质性风险越大，该股票存在着不能够被定价因子所解释的风险也就越高。

第二个被解释变量指标是负偏态。负偏态，其实就是去中心化。股票收益率不是完全正态分布的，会左偏和右偏。一般感受的是，在 A 股，一只股票要涨很难，要跌很容易，也就是它一般是倾向于负的那部分。

第三个被解释变量指标是上下波动率比例，用以度量股票日度特质收益大于或小于该季度平均收益的比例。

这三个指标是目前公认的用来测度异常波动率的指标。通过回归分析，我们发现，当某股票在这个季度被公募基金持有比例越高，到了下一季度它的特质性波动率更高，也就是有更多不被市场因子所解释的波动率。负偏态系数更大，也更容易跌，更不容易涨，收益率上下波动率比例更高，下跌的幅度比上涨的幅度更大。

前面的回归分析使用的是 2001 年到 2020 年共 20

年的数据，下面再逐年作回归分析。因为，从 2001 年
到 2020 年，基金有一个成长的过程，随着基金数增多，
进入基金市场的基金变多，上述不太好的结果是不是减
弱了？我们发现没有减弱，而且还很稳健。所以，基金
重仓持股的影响是长期稳定的，不是随时间而改变的。

当然，笔者也作了一系列稳健性的检验。比如，有
的基金客户是散户，有的基金客户是机构。所以，这个
基金本身的客户特征是以散户为主，还是以机构为主，
会不会影响这个结果呢？我们发现不会影响结果。再
如，市场的外部条件，股市是处于牛市还是熊市，市场
情绪（一般由散户的情绪来反映）是否高涨或低迷，无
论这个市场处于积极情绪还是消极情绪，影响始终是存
在的。

那么，产生这种影响的机制是什么呢？

基金是由基金经理操盘的，因此，我们必须考察基
金经理的行为约束。市场对基金经理能力高低的考察，
是通过过去的绩效来检验的。每一年基金经理会进行业
绩排名。我们就按照过往 6 个月，每半年累计收益率在
基金类别里面的排名、排序，按照头部的 20%、20%—
40%、40%—60%、60%—80% 以及底部的 20%，分成
五组进行检测。我们发现，头部的 20% 确实对个股起到
了稳定的作用。但是，除了头部的 20%，其余的四组，

尤其是底部的 20% 起到了放大市场风险的作用。这是因为在内卷的情况下，那些被认为不太优秀的基金经理的求生欲特别强（因其可能会被基金公司开除），他们就很可能会进行投机，去短期持有所谓大家所看好的股票，然后只要一好就快速套现，对股票价格就产生向下的压力，导致股票的异常波动率就会特别高。

排名在中间的基金经理也有这样的动力，对他们而言，只要努一把力，就可以从中间往上抬升到前 20%，就会被基民们所青睐。所以他们有很强的动机去进行比较有风险的投资。万一投资失败，也没关系，因其本来就处于中间排名，排名下降一点，也没有太大损害。所以，这些基金经理也比较容易追求彩票类股票。

所以，这就叫作基金业绩排名的反激励作用。激励本身是好的，可以帮助市场监督这个基金经理认真工作，但是这个每半年的排名会导致投资行为短视化，不利于市场稳定。

其实，国务院早就意识到这个问题了，2020 年 10 月 9 日出台了《关于进一步提高上市公司质量的意见》，强调加强资本市场融资端和投资端的协调平衡，引导上市公司兼顾发展需要和市场状况优化融资安排。在具体措施上要求大力发展权益类基金（直接投二级市场股票的基金），探索建立对机构投资者的长周期考核机制。

正如学术科研考核不能短期化一样，对基金经理的考核也不应短期化，过度地强调所谓的排名，要求短期内就有一个好的表现，一定会导致基金经理行为的短期化投机化，不利于基金作为一个重要的市场参与者来发挥其应有的作用。

投资行为的长期化对于市场稳定发展特别关键。1974年以后，美国政府允许养老金入股市，对美国股市的稳定作用特别大，美国的股票指数的波动率大大下降。我们国家的社保基金从2013年开始入市，养老基金到现在只是部分入市，当然我们国家一直强调就是分批、分次、有步骤的入市。所以，这可能有助于中国金融市场的稳定。

四、政治制度影响银行行为的近代中国历史经验

中国建设银行总行辛星博士认为，站在新时代，我们有必要回眸近代中国金融史以寻求金融治理的经验，尤其是银行业发展有以下三个值得回眸的点。

第一，晚清以来，中国银行业150余年的发展有明暗两条主线。明线是金融机构，我们看得到的银行怎么发展。暗线其实是银行背后的制度，是怎么样由一个以

民营银行为核心的这样一个银行的框架逐渐向中央银行时代过渡、成长。

第二，中国传统治理模式下政府与银行的特殊关系。这是跟银行起初诞生的那些国度完全不一样，这与我们中国自己的治理哲学和治理的惯性有关。

第三，当代中国金融业又进入了改革的关键时期，我们每天都能听到无论是国家层面，还是部委层面，给金融机构提出的一些改革的要求。这个时候我们再来回眸，可能显得有更多的现实意义。

上海租界是近代中国银行业的重要发源地。公共租界在法租界的北面。它最初是英租界，以它为核心，后来不断发展成了公共租界。紧邻它南边不规则的区域是法租界。这两个租界拼合成以上海黄浦江畔为核心的近代金融的发祥地。在那个时期，这里聚集了中国非常多的头部银行。

我们先回顾一下租界的形成。1842 年，《南京条约》开放了广州、厦门、福州、宁波、上海五个通商口岸，上海是其中之一。然后，大致的流程是首先英国先开辟了一个属于自己的租界，两年后法国又在英国租界的南边紧邻地区开辟了自己的租界，随后北边的英租界与其他国家的租界不断融合，形成公共租界，南边的法租界则不断扩大，最终形成了后来的租界局面。

租界里面有一些很特殊的制度，第一，它是严格中立的，这是西方社会不惜代价要维护的。第二，租界内部除了市政管理之外，都要遵守中国的法律，当时执行的是清政府的法律。它们的权力不得拓展至市政、道路、警察及市政征税之外的其他领域。所以，租界一方面有其独立地方，另一方面还要遵守中国的法律，只有一些市政管理权力。

在公共租界里面有银行总部 61 家，法租界里面有银行总部 22 家，这些银行在公共租界里面覆盖了 26 个街区，在法租界里面覆盖了 17 个街区，这 83 家银行总部密集分布在方圆三公里的原英租界和法租界内部，成为上海租界一道独特的风景。

这些银行大部分都成立于 1927 年之前，所以说，银行的选址事实上没有受到南京国民政府的太大影响，并且当时银行的选址很大程度上是靠风水的。这就为我们的研究提供了一个天然的随机性，至少随机成分还是蛮大的。这就为分析政治制度的不同对银行行为的影响提供了一个很好的契机。

我们先了解下两个租界区域内的银行的基本数据。首先，从数量上来看，公共租界内的 61 家银行远多于法租界内的 22 家银行。但是，两个区域的银行的平均资本额没有多大的差距。法租界银行平均的雇员数稍微多一点，平均的机构数也略多一点，成立时间、距离边界的平均距离其实差得并不是特别多，所以，这两个地方的银行在分布之初有很多随机性。

但是，我们看它们的经营情况就会发现问题。在分析银行的业务能力时，贷款与存款的比例指标是非常重要的，即使到现在，大型国有商业银行主要的收益来源是信贷利差，银行贷款和存款的利息差构成了超过 60% 的利润总额。所以，贷款和存款的比例在很大程度能反映一个地区银行的盈利情况。

英租界的贷存比法租界系统性高，而它们只是在方圆三公里范围内有一街之隔的两个片区的银行。那么，这种差异是由什么原因造成的呢？

公共租界（以英租界为基础，扩展而成）实行的是代议制的管理制度。在公共租界，领事没有实际管理权，纳税人大会是租界内最高的权力机构。但是，法租界实行领事决策制度，总领事有权停止或解散董事会，董事会的决议未经领事明令公布不得执行，否则无效。这两个最高决策的差异对内部的治理会产生进一步影响，尤其是对存贷比。存贷比在很大程度上取决于对未来不确定性的预期，因为在那个时候，银行的贷款不受中央央行的法定存款准备金率约束，只要银行保证不破产，想贷多少比例就能贷多少比例。

笔者认为，不同的政治制度实际上是改变了银行对未来不确定性的判断。公共租界银行不会面临突如其来的政策冲击。这是因为决策制度导致一个政策一旦要在租界落实，一定要经过多方讨论，而且银钱业代表同样可以提出自己的一些诉求。而法租界内部的银钱业却经常受到政府突如其来的政策影响，法租界领事会否决银钱商会提出的各种提案。

国民政府的政策在这种不同的治理框架下对英法两租界内的银行会产生不一样的影响。比如说，在法租界内由法国领事代表法国人向中国政府负责，与中国政府的沟通非常频繁，而且一旦法租界与中国政府的沟通比较顺畅，政策执行力就会非常强。但是，公共租界则不同，中国政府要跟公共租界合作，跟公共租界领事是否同意没关系，须通过租界纳税人大会表决同意。

这样，中国政府的政策不确定性对不同区域的银行有不同的影响。

在董事会的平均规模上，法租界的银行规模更小，股权自然就更集中了。公共租界要比法租界的银行的平均股额少 20%。经理人为董事的更多，委托代理情况更少。在法租界有一半以上的经理人都是由董事担任，而在英租界则很少，所以英租界银行的所有权和管理权分离程度更高。

1934 年 12 月，国民政府也推出了一揽子计划，因为在半年之前出现了美国大量收购白银的白银风潮，国内当时白银危机非常严重。所以，国民政府需要通过一系列方法呼吁各种银行救市。政策发布之后，法租界银行平均贷款迅速提高了，它们响应了国民政府的号召。而在英租界，1935 年之后银行平均贷款额没有像法租界银行增加那么快。贷款额的增加和减少可能与存款额相关，但是这个时期法租界银行的存款额其实是在下降（这说明法租界银行的存款来源受到了白银危机的影响）。而在公共租界的银行的存款额在上升，比法租界更高。所以，危机时期法租界银行虽然面临着更大的风险，存款额下降，但却毅然决然增大了贷款额。而在 1935 年之后，英租界的贷款额迅速降低了，英租界银行在这个时候并没有积极地响应救市的号召。

总结而言，不同的政治制度影响了区域内银行对于未来风险预计的判断。一边是纳税人大会，一边是法租界领事。这种未来预期的判断其实影响了两个租界银行的杠杆率，影响了它们在开展业务的时候是不是能放得开手。在危机到来之时，不同租界的银行表现也会有所不同，其实就是说法租界的银行，受国家影响更强的银行，更愿意进行逆周期的操作。

这段历史对于新时代银行治理的启示有以下三点。

第一，要用建制度的方式来管业务。如果真的想管理好银行的业务，最好的方式是提前进行一些制度的建设。如果真的想管，我们可以把制度设得严一点，但是尽量避免政府直接参与过多银行业务的管理。

第二，用事前沟通来调节预期管理的强度，如果真的想要加强预期的管理，可以通过更频繁地释放一些前期沟通的信号。如果有更好的沟通渠道，可能有助于避免未预料到的经济波动。

第三，要权衡好金融行业开放和金融行业监管的关系，从 2017 年以来，我们能看到当前中国金融对外开放的脚步越迈越大，对外开放的格局也越来越宽，但同时我们也在不断地加强金融监管，似乎又很担心这种开放会对金融系统的稳定造成影响。怎样把握好它们之间的关系？我们需要了解开放自治的制度和更加中心化的制度，到底各自在哪些领域能够发挥得更好，从而能够扬长避短，更好地服务于新时代中国银行业的建设。

五、中国银行业风险管理

中国银行总行易晓溦博士认为，银行业治理离不开银行风险管理，新时代的银行风险管理既需"破"，也需"立"。

2003—2013 年这 10 年时间，可以称为"银行业的黄金十年"。10 年间，商业银行总利润从 63.1 亿元一直增长到了 1.14 万亿元，长期保持两位数左右的增长速度。从 2013 年之后，增速开始下降，到 2021 年一季度的时候，商业银行实现总利润大约为 6143 亿元。现在，银行总利润增速大概是 2.4%。

利润增速下降说明银行业面临经营困境，在这种形势下，银行业的风险管理面临着六大挑战。

（一）传统的风险管理理念转向刻不容缓

风险管理是银行经营管理的核心内容，从管理上看，银行风险管理经历资产风险管理阶段、负债风险管理阶段、资产负债风险管理阶段和全面风险管理阶段。20 世纪 60 年代以前，银行的风险管理主要偏重资产类的风险管理，强调保持银行资产的流动性，60 年代以后，西方国家进入一个经济高速增长阶段，社会融资需求比较旺盛，银行资金处于相对短缺的状态。为了扩大资金来源，满足流动性需求，银行主动地由被动负债向积极的主动式负债转型，开始大量运用金融工具，比如，大额存贷、回购协议、同业拆借等扩大银行的资金来源。

20 世纪 70 年代随着布雷顿森林体系的崩溃，固定汇率制瓦解，汇率波动幅度变大。在此情况下，银行资产风险管理应运而生。它突出强调对银行资产和负债业务同时进行协调管理，来实现总量平衡和风险有效控制。90 年代后期，亚洲金融危机等一系列事件表明，损失在更大程度上是由风险因素交织作用产生的。2004年 6 月，《巴塞尔新资本协议》出台，提出将资本要求的覆盖范围由信用风险领域扩大到操作风险和市场风险领域。《巴塞尔新资本协议》的出台无意中开启了银行全面风险管理的新时代。也是在同一年，工行、中行和建行等银行在股份制改革中被列入首批试点银行。相应地，银行风险管理结构也出现变化，中国银行业首次提出要建立全面风险管理制度。

但目前，银行风险管理架构又面临需要优化的问题。目前，各银行虽已建立一个全面风险管理的制度框架，建立了风险管理委员会，但是风管会的管理权限和管理机制的效果是有限的。同时，各银行风险管理部等风险主管部门并没有有效地承担起全面风险管理的职责，并且风险管理理念也有待加强。管理层普遍从组织架构、管理流程、技术应用等方面提升全行风险管理水平，但基层员工对风险敏感性不强，让每位员工认识到自身岗位上存在的风险点还比较困难。风险和收益匹配的原则也并未深入人心。风险管理的重点仍处在事后管理阶段。

（二）混业经营强化金融风险交叉传染

2006 年以来，我国商业银行再度开启综合化经营的试点。之前在 20 世纪 90 年代，商业银行尝试综合化经营，经历了"放—乱—管"的过程。到 2011 年，"十二五"规划提出，要积极稳妥地推进金融业综合金融试点。特别是在 2017 年，我国的金融监管体制取得实质性进展，即"一委一行两会"的新框架正式落地，对银行业的混业经营形成一个制度保障，银行、证券、保险等主要金融业态纷纷向彼此领域互相渗透。截至 2021 年 7 月，我国大部分商业银行都处于混业经营状态。

对于银行而言，综合经营带来了多元化，平缓了经营周期对业绩的影响，但综合经营既要求商业银行能够管理好自身的金融风险，也要处理好综合经营所带来的一些新的独特风险，如内部交易、财务杠杆风险等。预计在未来一段时间，金融风险的交叉性和融合性只会有增无减。

（三）国际化使国别风险愈发不容忽视

国际化经营使银行的业务由境内延伸到境外，风险因素也具有了跨境特征。因各国金融体系、商业模式等方面存在差异，风险甄别就更加困难。并且数据有效性不足，风险的量化管理面临巨大的挑战。同时，部分难以量化的风险因素，如地缘政治等因素对风险防范提出了更高的要求。当前，全球经济长期低迷，地缘政治冲突加剧，贸易保护主义抬头以及新冠疫情全球大流行，使得商业银行跨境经营的业务发展受到巨大考验，业务布局面临收缩，盈利水平下降，资产质量恶化。

（四）监管趋严倒逼风险管理水平优化

第一，相比于《巴塞尔协议 II》，《巴塞尔协议 III》简化了计量框架，简化了信用风险高级内评法的适用范围，将操作风险的方法进行进一步简化、标准化。《巴塞尔协议 III》还提升了风险敏感性，信用风险标准法中对无评级资产和房地产相关资产进行了更为详细的划分，提升风险计量的敏感性。

第二，总损失吸收能力要求落地。2015 年，金融稳定理事会通过针对全球系统重要性银行的《总损失吸收能力原则及条款》。《总损失吸收能力原则及条款》发布对我国商业银行很不利，因为我国银行业还处于一个负债经营阶段，以间接融资渠道为主，中国大型银行面临较大的资本的补充压力。根据 2020 年 6 月的数据进行测算，工、农、中、建四大行若按 18% 的信贷的资本要求，合计有 3.8 万亿元左右的资金缺口。2021 年 2 月，银保监会又起草了《银行保险机构恢复和处置计划实施暂行办法（征求意见稿）》，以保障关键业务和服务不中断。以上种种行为迫使银行通过优化风险管理水平节约资本的方式来助力业务发展。

（五）数据基础薄弱阻碍管理手段的创新

第一，数据的深度和广度有待拓展。从数据的深度来看，目前商业银行可供使用的大部分数据，主要是用来解决经营管理和日常决策的相应问题，缺少对数据进行深入的应用，这导致无法准确把握和理解客户的需求。

第二，数据质量有待进一步完善。银行虽然积累了一定规模的数据，但是由于系统控制和人为操作等方面的因素，数据治理体系仍然需要进一步完善，数据标准需要进一步统一。

第三，数据共享性和整合性不充分。传统银行的部门色彩非常浓厚，比如，风险部只管风险的事。这导致数据分散在各个部门，数据共享性和整合性不充分。而如果数据整合性得到提升，银行就可以通过数据挖掘为客户提供定制化、场景化的金融及泛金融服务，为客户提供一点接入、享受穿透性服务。

（六）金融科技是一把"双刃剑"

一方面，金融科技为风险管理注入了一个新的动能。第一，金融科技提高了风险管理的前瞻性。我们通过大数据可以挖掘出一些客户的行为模式，比较准确地进行风险预警，尽早采取相应的措施。第二，金融科技有利于穿透式的风险管理。对于洗钱等高隐蔽性交易，利用金融科技我们就能够及时、充分地对相应的数据进行分析，继而能规范相应的行为。第三，金融科技提高了风险识别的客观性。科技可以纠正人的行为偏差，纠正人在行为过程中的一些主观情绪。

另一方面，金融科技为风险管理带来新的难题。第一，金融科技并没有改变金融风险的本质，相反地，开放性和互联互通性使得金融风险更加隐蔽、更加复杂。第二，金融科技存在法律风险问题。相对金融科技的发展，法律的制定存在滞后性。例如，互联网巨头的数据垄断，导致金融科技在运用过程中存在相应的法律问题。再如，金融产品具有专业性和高技术性要求，而目前尚缺乏成熟的内控体系和员工的培训系统。第三，信息科技风险问题。如果金融机构对于信息的存储和保管能力不足，当面临有组织的大规模的黑客攻击的时候，信息相关的个人和金融机构会蒙受损失。第四，模型风险问题。金融科技的应用本身也存在技术不成熟、算法缺陷方面的问题，一旦算法与应用场景产生脱钩，就可能造成无法挽回的损失。

面对挑战，银行风险管理也在积极应对，寻求相应的变化，主要体现在六个方面：1. 调整风险管理架构；2. 做好并表风险的管理；3. 加强海外机构风险管理；4. 强化损失吸收能力；5. 提升数据治理质效；6. 推进智能风控建设。

六、人工智能方法在公司金融治理中的应用前景

中欧国际工商学院金超杰博士认为，非银行类公司的风险监测也是金融治理的重要内容。在这些风险中，公司财务欺诈风险是一类比较突出的风险，主要体现在公司绩效、公司盈利预测等信息指标上，而人工智能技术对于公司财务欺诈风险的监测有一定的作用。

如果以上市公司为代表的大公司长期存在财务信息

欺诈行为，就会影响整个金融市场的发展质量，甚至会造成金融危机。比如，2001 年的安然欺诈事件就造成了美国金融市场的动荡。

从 2007 年开始，我国出台了规范公司财务行为的《会计准则》。但是，我们发现公司财务欺诈案例所涉及的公司数量的占比是在上升的（从 2007 年的 3.94% 逐年上升到 2012 年的 6.82%），直到 2012 年，党的十八大以来，财务欺诈公司数量占上市公司总数的比例开始下降。这说明党的十八大以来证监会对上市公司的监管工作是卓有成效的。这一成绩的取得既有政治的原因，也有监管科技进步的原因。

随着云计算的发展，通过在云端调用上市公司的会计数据、人物特征数据导入，我们再使用机器学习等方法，就可对公司是否存有欺诈行为进行辅助性预判。除了针对上市公司，随着 2013 年电子化记账方式的普及，其实我们也可以用同样的方法去预判非上市公司的欺诈风险，当然这需要联通税务部门的数据平台。

结合近几年的研究进展，目前的监测手段有以下四种。

第一，基于财务报表数据的监督学习模型的分析。这主要是一种监督学习。最新的是 2019 年发布的研究 Detecting Accounting Fraud in Publicly Traded U.S. Fi rms

Using a Machine Learning Approach，是用纯会计数据做的财务风险监测。

第二，基于公司报告的文本分析。这些文本信息包括年度报表、季度报表和半年度报表。文本分析就是要判断分析其所蕴含的价值判断的正负倾向性，再结合一般规律，对某公司的财务信息欺诈的可能性进行预判。

第三，基于公司舆情的文本分析手段。方法同上，但信息来源是网络公共平台和自媒体。

第四，基于公司高管特征数据的回溯分析。高管的个人特征对公司行为有很大影响，并且个人特征具有一定的稳定性，这成为做预测时可依据的不变量。

在这四种方法中，基于纯会计数据的方法，是最客观的，而且处理起来又比较快速。数据来源主要是会计报表科目，美国和中国都有数据公司专门提供服务，国内数据商就是国泰安，当然它只为上市公司服务。参照现有机器学习模型，我们使用中国的上市公司数据，发现预测准确率可达到90%。在大样本的情况下，这就为判断公司的欺诈风险提供了比较可靠的依据。当然，人工智能方法在监测公司的欺诈风险中的应用还依赖于数据的可靠性。

七、保险在应对气候变化风险上的
国际经验与中国实践

中国出口信用保险公司梁荣博士认为，保险产品是提升金融治理效率的重要工具，尤其是在促进金融服务实体经济方面，一些保险产品有十分直接的作用，比如国内外都利用保险产品来应对气候变化风险。

在国际上，应对气候变化风险首先得有一个管理的基本策略。我们都知道，保险是一种实现风险转移和风险分散的有效措施，所以和气候气象风险管理是具有比较天然的联系的。当然，气候气象风险这个概念实际上是一个比较宽泛的概念。例如，极端天气、暴雨、洪水、干旱等，都属于气候气象管理的对象范畴。

我们在实际实践中，通常是对三种策略进行综合利用：

第一，风险的预防或者减缓策略。这个策略属于风险的事前管理策略。比如说，在风险发生之前，我们可以建立一个早期的风险预警系统。对于建筑业，可以实施一些更严格的建筑规范，在基础建设领域进行有关风险预防的另类投资；对于农业，可以改进生产实践。

第二，风险转移功能。这就是利用保险来分散不能被有效预防，或者不能被减缓的气候风险。

第三，加强对信息和数据的收集。所谓的信息和数据的收集，一般针对气候气象方面的一些天气指标数据。比如说，如果某地区发生了暴雨、洪水等这些自然灾害，我们可能收集受灾区域的面积等方面数据，或者是其他的一些天气类的指标，如降雨量、风速等。利用这些数据，我们可以对潜在的气候风险进行评估，为风险管理决策提供依据。再比如，我们通过绘制风险图以及估算风险成本，可以分析未来风险的发展趋势，还可以对不同的风险管理手段进行效益分析，从而选择最符合成本效益原则的一个风险管理手段。

气候风险管理常使用决策树模型工具。在决策树中，保险可以在风险转移以及防损、减损这两个方面都发挥非常重要的作用。防损减损功能所对应的就是风险管理的第一个策略，即风险的预防或者减缓的策略。保险在发挥风险转移的作用时，实际上是针对不同的风险主体，为这些不同的风险主体提供不同的保险产品。比如说，如果这个风险的主体是全球性的，那就对应着一个全球风险的共保体，从而可以在全球范围内汇聚一个大规模组织的保险。如果风险的主体是在国家层面，我们就可以通过建立和完善国家巨灾保险制度。当然，更多的风险是发生在地区层面，如农业保险、小额保险和针对个人的人身保险。

　　国际保险业中还有一个风险管理的原则，即根据风险发生的频率和损失不同对风险进行分层。第一层次的风险是属于高频率发生的风险，但是它引致的损失比较低，这个时候，我们通常采用一个事前的风险预防和减损手段。第二层次的风险属于发生频率较低的风险，但它引致的损失程度处于中等水平，这就需要采取一定的风险预防措施，也需要向保险和再保险市场转移风险。第三层次的风险就是所谓的"黑天鹅"事件，它发生的频率非常低，但是引致的损失非常巨大，这时候，我们就需要在事前着重实施风险预防和减损行为，同时也要通过各种手段来转移风险，如建立一些国家或地区性的风险基金等。

　　国际保险业在应对气候气象方面推出了很多创新型的保险产品和服务。

　　比如说，有天气指数保险，以及针对能源服务提供的保险产品，包括节能项目保险和可再生项目保险。当然，比较成熟的产品还是天气指数保险。所谓天气指数保险，是指把一个或几个气候条件（如气温、降水、风速等）对农作物损害程度指数化，每个指数都有对应的农作物产量和损益，保险合同以这种指数为基础，当指数达到一定水平并对农产品造成一定影响时，投保人就可以获得相应标准的赔偿。天气指数保险结合了指定风险保险与区域产量保险的优势，在控制承保风险、克服市场失灵、降低经营成本方面较传统农业保险更具效率。这个天气指数包括气温、降水、风速等。再如，针对能源服务提供者的新保险产品，包括节能项目保险（对节能项目没有达到预期效果进行保险）、可再生能源项目保险。

我们来具体了解下国际上比较典型的两款创新型保险产品：

（一）非洲之角适应性风险转移项目。这个非洲之角的国家主要包括吉布提、埃塞俄比亚、索马里等。这个地区面临的主要自然风险是旱灾和洪灾。这个保险产品主要有两个特色。第一个特色是劳动换保险的计划，在非洲之角地区的农民的经济条件一般都比较差，如果他们购买保险，就可以不以现金的形式来购买，而是采取劳动换保险的方式。例如，这些农民可以通过工作来支付保险费，这一点非常值得国内借鉴。第二个特色在于它也是一个天气指数的保险产品，针对卫星测量的降雨量。如果降雨量低于设计的阈值，将会自动触发保险的赔付。

（二）美国佛罗里达州的巨灾保险资金。佛罗里达州是美国一个很容易遭受飓风袭击的地方，飓风每年都给当地造成巨大的损失。这个保险项目的一个特色是运营方是美国州政府，其资金来源主要有三个方面：第一，在佛罗里达州经营住房保险的保险人缴纳的（再）保险费；第二，基金的投资收益；第三，紧急情况下发行债券的收入。

中国在利用保险应对气候气象风险方面也做了很多事情。

第一，将气候风险纳入自身发展战略。中国人保集团签署了日内瓦协会针对气候风险的共同声明。

第二，加强对气候风险的科学研究。2011 年 3 月 19 日，中国人保在北京大学发布首批灾害研究校园基金项目，为青年教师和在校学生开展灾害与保险交叉领域的研究工作提供资金支持。

第三，应对气候灾害领域的产品和服务创新。在农业保险方面，我国实现从保成本到保产量，再逐渐过渡到保农民收入。天气指数保险也已被推出。我国还推出了一些服务创新的模式，如"保险 + 期货"，或者"保险 + 信贷"的模式。这些都产生了良好的实践效果：上海在台风到来前，由保险公司出资资助农户割掉大棚上的薄膜从而减少损失；黑龙江保险公司有 120 多门高炮，负责地方人工防雹工作；四川阿坝、凉山、甘孜三州的保险公司出资 6000 多万元，建立森林火灾预警系统。

第四，不断加强对绿色投资的力度，从而对气候灾害的减缓作出了贡献。例如，"太平资产—南水北调工程债权投资计划"总规模 550 亿元，是我国保险行业迄今投资金额最大的单一债权投资计划，是首次为中央政府提供过渡性融资的基础设施投资案例，也是保险行业内极具代表性的 PPP 项目绿色保险投资的典型案例。

第五，应用了一些技术创新的手段来应对气候灾害。比如，无人机在应对气候灾害风险方面就发挥了一些作用，无人机航拍可以使我们更好地了解受灾区域的面积情况，从而为定损核损提供依据。

关于天气指数保险产品，因为在我国不同地区所遭受的风险事件是不一样的，所以，所开发的天气指数保险产品也各有特色。下面是几款比较典型的保险产品。

一是上海西瓜梅雨指数保险，采用完全市场化的运作模式。2007 年由上海安信农业保险公司首次推出，同年 1 月在上海南汇等 4 个区县进行了试点，承保了西瓜连阴雨指数保险 200 亩，风险保额达 150 万元；七八月梅雨季节在金山进行了试点，承保了露地西瓜 8500 亩，风险保额达到 1275 万元；在崇明试点承保露地西瓜 500 亩，风险保额达 75 万元。西瓜梅雨天气指数保险合同是根据不同地区西瓜种植方式的不同以及生长过程中对天气风险敏感程度的不同而设计的。西瓜天气指数保险合同的主要内容是：以西瓜遭受的降雨量及阴雨天数为衡量指标，以特定区域某一时间段内的平均降雨量为标准，如果连续暴雨超过一定的天数，保险公司会按照合同赔付给农户，但不利天气发生后，并不是所有灾害损失都能获得赔付。例如，合同中规定降雨量一个月内超过60毫米就能得到赔付，但是如果这60毫米的降雨量只集中在该月的某一天，则不能得到赔付。

二是黑龙江农业财政巨灾指数保险，采用"政府主导、市场化运作"的模式。2016年，黑龙江省财政厅、阳光农业相互保险公司与瑞士再保险公司签订农业财政巨灾指数保险单及再保险合同，黑龙江省农业财政巨灾指数保险试点正式启动运行。以黑龙江省28个贫困县作为试点县，保险险种包括干旱指数、低温指数、降水过多指数、洪水淹没范围指数四种保险，保费1亿元，保障程度达23.24亿元。保险项目创新性地使用卫星遥感技术。以洪水淹没范围指数保险为例，保险合同约定将齐齐哈尔、佳木斯地区松嫩流域13个投保贫困县的耕地每1.65公里×1.65公里的范围指定标记1个点，触发洪水灾害事件中所有被洪水淹没的点的总数作为洪水淹没范围指数。当暴发洪水时，卫星监测到承保区域内有698个点被淹没，即洪水淹没范围指数为 698，则视为发生触发洪水事件，进而启动保险赔付。2016 年，夏季干旱及秋季降水过多灾害、低温灾害共投保费 6397.40 万元，赔付 7224.85 万元，综合赔付率为 112.9%。

三是安徽水稻天气指数保险，采用国际合作模式。2009 年，国元农险公司参加了由我国农业部、国际农业发展基金和联合国世界粮食计划署共同设立的"农村脆弱地区天气指数农业保险国际合作项目"，选取易受洪涝灾害的合肥市长丰县作为试点，设计开发了水稻种植天气指数保险，签发了农作物指数保险产品首张保单。这一农业天气保险产品主要针对水稻的干旱灾害和高温热害，以累计降雨量和高温差指数评价干旱和高温热害的程度，给予不同的理赔标准。初步确定每亩水稻保险金额为 300 元、保费费率为 4%。此后逐步将试点区域由江淮丘陵地带拓展至皖北、沿江地区，试点品种增加了小麦、超级水稻，针对性地设计开发了水稻种植干旱指数、小麦种植倒春寒指数等 9 个指数保险产品。

上述保险产品都是根据不同地域的特色来设计的，都起到了很好的实践效果。我国是一个地区间自然差异性很大的国家，适应不同的地方，就要有不同的保险服务。

新时代社会治理理论创新与发展

彭莹莹

北京大学习近平新时代中国特色社会主义思想研究院研究员，研究方向为政治学理论、国家治理、社会治理。

中国近代史，是国家现代化道路的真理探究与实践变革的历史。现代化是经济、政治、文化、社会等领域深刻变革的历史进程。中国特色社会主义现代化建设在经济体制改革、政治体制改革、文化体制改革的进程中，逐渐开启在改善民生和创新管理中加强社会建设。在教育、就业、收入、社会保障、医疗卫生、社会管理等方面取得长足进步的同时，如何保持社会稳定、维护国家安全成为当下中国社会治理的重要课题。

　　党的十九届四中全会提出坚持和完善中国特色社会主义制度、推进国家治理体系和治理能力现代化的总体目标，并对十三个方面的重点任务作出战略部署。其中包括坚持和完善共建共治共享的社会治理制度。社会治理是社会建设的重大任务，是国家治理的重要内容。新时代，社会建设领域提出了"加强和创新社会治理"的改革方向，完善"党委领导、政府负责、民主协商、社会协同、公众参与、法治保障、科技支撑"的社会治理体系等。理论发展需要学理阐释，理解了新时代发展新的历史方位、新时代社会治理的历史逻辑和理论逻辑，才能理解习近平新时代中国特色社会主义思想，为推进社会主义现代化强国建设贡献理论支持。

一、新时代的历史方位

随着世界多极化、经济全球化、社会信息化和文化多样化深入发展，全球治理体系和国际秩序变革加速推进，各国相互联系和依存日益加深，这是我们面临的时代特征，如何看待新时代的历史方位，是理解新时代社会治理理论和实践的逻辑起点。从时空定位上，我们认为，党的十八大以来，中国特色社会主义进入新时代。从理论依据上，我们认为，新时代的理论判断依据是社会主要矛盾的变化，这也是马克思主义唯物辩证法的发展，是世情、国情、党情、社情、民情新发展变化下的理论认识。理解了社会主要矛盾变化和党的施政方针政策变化，才能准确阐述和系统梳理新时代社会治理的理论发展与实践创新。

（一）新时代的时空定位：党的十八大以来

党的十九大报告作出重要论断——"经过长期努力，中国特色社会主义进入了新时代，这是我国发展新的历史方位"[①]，进而提出"开启全面建设社会主义现代化国家新征程"，并作了两个阶段的安排：2020 年到 2035 年，基本实现社会主义现代化；2035 年到 21 世纪中叶，建成富强民主文明和谐美丽的社会主义现代化强国。

把 1840 年作为中国现代化起始的节点，中国经历了太平天国运动（1851—1864）、洋务运动（1861—1895）、戊戌变法（1898）、义和团运动（1899—1900）、辛亥革命（1911—1912）、五四运动（1919）等，1921 年中国共产党成立、1949 年中华人民共和国成立，成为中国现代国家构建的重要节点。

习近平总书记在党的十九大报告中庄严宣告，中国特色社会主义进入了新时代。事实上，从党的施政方针、治国方略等出发，党的十八大以来，中国特色社会主义进入新时代。2012 年，党的十八大提出了中国特色社会主义的总任务是"实现社会主义现代化和中华民族伟大复兴"，在之后制定的重大决策中，明确了新中

---

① 习近平：《决胜全面建成小康社会 夺取新时代中国特色社会主义伟大胜利——在中国共产党第十九次全国代表大会上的报告》，《人民日报》2017 年 10 月 28 日。

国成立至 2010 年成为全球第二大经济体，实现了从站起来到富起来的目标，今后要完成强起来的目标，并在 2013 年党的十八届三中全会上提出了"国家治理体系和治理能力现代化"的时间表、路线图。2019 年，党的十九届四中全会通过的《中共中央关于坚持和完善中国特色社会主义制度 推进国家治理体系和治理能力现代化若干重大问题的决定》从十三个方面的制度建设明确推进国家治理体系和治理能力现代化。从总任务、总目标以及党中央对社会发展阶段新趋势的把握进而统领布局，自党的十八大已经开始。

（二）新时代的理论依据：社会主要矛盾的变化

1957 年 2 月 27 日，毛泽东在最高国务会议第十一次（扩大）会议上发表《关于正确处理人民内部矛盾的问题》的讲话，提出并系统地论述社会主义社会社会矛盾的学说，认为："在社会主义社会中，基本的矛盾仍然是生产关系和生产力之间的矛盾，上层建筑和经济基础之间的矛盾。"① 社会主要矛盾是社会基本矛盾在特定历史阶段的具体表现，是时代特征的最集中体现。党和国家领导人对社会主要矛盾的认识决定了当时党和国

---

① 《毛泽东文集》第 7 卷，人民出版社 1999 年版，第 214 页。

家的工作重心和主要任务。从 1956 年 9 月 27 日通过的《中国共产党第八次全国代表大会关于政治报告的决议》，到 1981 年 6 月 27 日党的十一届六中全会通过的《关于建国以来党的若干历史问题的决议》，再到 2017 年 10 月 18 日习近平总书记在党的十九大上所作的报告，关于"社会主要矛盾"的论述随着社会的发展发生着客观变化，决定着特定历史发展阶段的路线、方针和政策（见表 1）。

新中国成立以来，关于社会主要矛盾判断的变化大致经历了三个历史阶段，以 1981 年和 2017 年为两个时间节点，具体分析如下。

第一阶段，改革开放前 20 年，在社会主义改造基本完成这一实践的基础上，国内外基本矛盾逐渐深化明确为特定历史发展阶段的社会主要矛盾。1949 年，在党的七届二中全会上，毛泽东强调："中国还存在着两种基本的矛盾。第一种是国内的，即工人阶级和资产阶级的矛盾。第二种是国外的，即中国和帝国主义国家的矛盾。"[①]1956 年，在党的八大报告中，国内社会主要矛盾深化明确为："人民对于建立先进的工业国的要求同落后的农业国的现实之间的矛盾"，"人民对于经济文化

---

① 《毛泽东选集》第 4 卷，人民出版社 1991 年版，第 1433 页。

表 1　党的文献中关于"社会主要矛盾"的表述

年份	文献	表述
1939	《中国革命和中国共产党》	帝国主义和中华民族的矛盾，封建主义和人民大众的矛盾，这些就是近代中国社会的主要的矛盾
1956	《中国共产党第八次全国代表大会关于政治报告的决议》	我们国内的主要矛盾，已经是人民对于建立先进的工业国的要求同落后的农业国的现实之间的矛盾，已经是人民对于经济文化迅速发展的需要同当前经济文化不能满足人民需要的状况之间的矛盾
1981	《关于建国以来党的若干历史问题的决议》	在社会主义改造基本完成以后，我国所要解决的主要矛盾，是人民日益增长的物质文化需要同落后的社会生产之间的矛盾
2017	《决胜全面建成小康社会 夺取新时代中国特色社会主义伟大胜利——在中国共产党第十九次全国代表大会上的报告》	中国特色社会主义进入新时代，我国社会主要矛盾已经转化为人民日益增长的美好生活需要和不平衡不充分的发展之间的矛盾

迅速发展的需要同当前经济文化不能满足人民需要的状况之间的矛盾"。在此基础上，确定"把我国尽快地从落后的农业国变为先进的工业国"的任务，进而取得社会主义建设的重大成就。

第二阶段，改革开放以后，随着对"文化大革命"的拨乱反正，《关于建国以来党的若干历史问题的决议》

对社会主要矛盾的概括成为之后近 40 年的一个固定表述，即"人民日益增长的物质文化需要同落后的社会生产之间的矛盾"。也正是基于这样的判断指出，"党和国家工作的重点必须转移到以经济建设为中心的社会主义现代化建设上来，大大发展社会生产力，并在这个基础上逐步改善人民的物质文化生活"。此后的 40 多年，经济建设成为党和国家的中心任务。中国经济发展实现了飞跃式增长，经济总量跃居全球前列，生产力有了巨大发展，人民生活水平有了极大提高，但与此同时，大量社会矛盾问题也显现出来。从某种意义上可以说，虽然我们希望发展平稳，但经济发展确实会带来一些新的社会问题，这是客观存在的。2003 年"信访洪峰"的出现，引发了党和国家领导人对社会矛盾问题的重视，"构建社会主义和谐社会""科学发展观"正是在这样的社会认识之下提出来的，不断深化社会矛盾化解的科学应对。

第三阶段，党的十八大以来，社会主要矛盾在客观上已经发生改变，随着现代化进程的推进，人们的需求已经变得越来越多元，因此也产生了纷繁复杂的利益诉求，贫富差距、分配正义引发了各类社会矛盾。事实上，近些年反腐败斗争开展，也是在某种程度上从根本上消除利益分配正义的问题。但是，贫富差距、城乡差距、分配不公、社会保障问题、食品安全问题、环境污染问题还比较突出。随着经济发展已经进入平缓阶段，如何解决这些社会问题将是未来中国发展的一个重要任务。

可以说，随着经济发展起来，"中国特色社会主义进入新时代，我国社会主要矛盾已经转化为人民日益增长的美好生活需要和不平衡不充分的发展之间的矛盾"正是对经济体制深刻变革、社会结构深刻变动、利益格局深刻调整、思想观念深刻变化的新时代特点的凝练概括。

（三）现代化进程中新时代的历史意义

一般认为，现代化是政治领域的民主化法治化、经济领域的工业化、社会领域的城市化、文化领域的理性化的互动过程。政治领域的现代化，意味着从专制的、封建的、宗教的转向民主的、法治的、层级制的；经济领域的现代化，意味着从小农经济、自给自足、分散走向工业化、专业化、规模化、集中化；社会领域的现代化，意味着从乡村的、家族的、宗教的、稳定的走向城市化、福利化、分化与整合、信息流动；文化领域的现代化，意味着从迷信的、宿命论的、教育不发达的、封闭的走向理性的、功利主义的、普及初等教育的和大众传播广泛的。中国的现代化也经历了这样的历程，从工业现代化、农业现代化、国防现代化和科学技术现代化，到中国特色新型工业化、信息化、城镇化，社会主义现代化不断趋于成熟。

如果以党的十八届三中全会提出"国家治理体系和治理能力现代化"作为全面深化改革总目标的起点来看，党的十九届四中全会通过的《中共中央关于坚持和完善中国特色社会主义制度　推进国家治理体系和治理能力现代化若干重大问题的决定》的重要意义是逐步推进制度体系的完善和发展。新时代政治发展的重要任务表现为现代国家制度体系的构建，这也符合政治稳定理论对现代化带来的不稳定与制度供给回应的理论假设。"国家治理体系和治理能力是一个国家制度和制度执行能力的集中体现。国家治理体系是在党领导下管理国家的制度体系，包括经济、政治、文化、社会、生态文明和党的建设等各领域体制机制、法律法规安排，也就是一整套紧密相连、相互协调的国家制度；国家治理能力则是运用国家制度管理社会各方面事务的能力，包括改革发展稳定、内政外交国防、治党治国治军等各个方面。国家治理体系和治理能力是一个有机整体，相辅相成，有了好的国家治理体系才能提高治理能力，提高国家治理能力才能充分发挥国家治理体系的效能。"① 诚然，现代化的国家治理体系包括方方面面，政府治理、社会治理、生态治理、文化治理等都在其中。深入分析总结新时代社会治理体系或社会治理制度，正当其时。

---

① 《习近平谈治国理政》第 1 卷，外文出版社 2018 年版，第 91 页。

二、社会治理的学术方位

关于社会建设领域，党的执政理念经历了维稳到加强和创新社会管理，继而到共建共治共享的社会治理制度这样的变化。这个发展变化本身标的了今天"社会治理"的学术方位，也在比较之中凸显了新时代"社会治理"相较以往的新发展。

（一）从社会治安到社会管理

在较长的一段时期内，社会问题是以非法的社会治安问题定性的，因此产生"社会治安综合治理"这样的执政理念。据考察，"社会治安综合治理"产生的背景是党的十一届三中全会之后结束"文化大革命"开启改革开放新局面。境外势力一直是影响社会稳定的一个因素，由于客观上存在国内外复杂因素的影响，当时社会存在一些对社会主义现代化建设造成破坏的违法犯罪行为，当时整体的政策是以"稳定压倒一切"为准则。在这样的背景之下，"社会治安综合治理"主要起的作用是解决刑事犯罪、治安问题，以及群众之间的一些个人纠纷，如历次"严打"活动、专项整治行动正是针对此类问题采用的做法。据统计，1983年针对各类违法犯罪的"严打"，2004年针对黑帮团伙、暴力犯罪和盗窃的治安犯罪的"严打"，2010 年为上海世博会和广州亚运会举办营造良好治安环境的"严打"以及 2014年针对新疆恐怖暴力活动的"严打"，这四次活动都是由公安部依法执行的专项整治行动。在"社会治安综合治理"这样的话语之下，把一些民众利益诉求引发的集体上访，简单化视作黑恶势力推动，对一些上访人员进行劳动教养等，甚至处以刑事处罚，这些处理方式往往造成干群关系的紧张和政府权威的流失。

社会治安综合治理，一方面是"治安"的政治职能属性，依据我国治安管理处罚条例，强调依法严厉打击违法犯罪活动，包括黄赌毒等；另一方面是"综合"的行政执法手段，强调动员社会各方面力量、运用多种手段进行治理。有人认为，"综合治理"是浙江公安机关率先在全国提出的概念。①新中国"社会治安综合治理"主要针对违法犯罪和社会治安，集中体现在一些法律法规文件之中，主要是，"一部法律、两部行政法规、一系列部门规章"，"一部法律"是指 1991 年 3 月全国人大常委会制定的《关于加强社会治安综合治理的决定》，该决定的出台标志着社会治安综合治理被正式纳入法制化轨道；"两部行政规章"是指 1991 年 2 月中共中央、国务院制定的《关于加强社会治安综合治理的决定》，以

---

① 华乃强：《社会治安综合治理概念源头考》，《公安学刊》2009 年第 3 期。

及 2001 年 9 月中共中央、国务院制定的《关于进一步加强社会治安综合治理的意见》；"一系列部门规章"是指中央社会治安综合治理委员会和国务院各部委对社会治安综合治理领导责任制、一票否决权制、考核评比制以及基层基础工作、农村治安工作、城市治安工作、青少年犯罪预防工作、刑满释放、解除劳教人员安置和帮教工作、流动人口管理、禁毒工作、各部门各行业参加社会治安综合治理工作作出的相关规定，有 50 余部。①

（二）从社会管理到社会治理

社会管理，最早出现在 1998 年的《国务院机构改革方案》中，文件首次明确提出"社会管理"的概念，把政府的基本职能界定为"宏观调控、社会管理和公共服务"②。在当时的发展阶段，社会管理是为"以经济建设为中心"服务的。此后，社会管理日益受到党中央、国务院的重视。2002 年，党的十六大报告进一步提出"完善政府的经济调节、市场监管、社会管理和公共服务的职能"。2004 年，党的十六届四中全会提出"加强

---

① 康均心、周亮：《从"综治"到"法治"：犯罪控制的科学之路——写在社会治安综合治理两个〈决定〉颁布 20 周年之际》，《法治研究》2011 年第 8 期。
② "中国社会管理评价体系"课题组：《中国社会治理评价指标体系》，《中国治理评论》2012 年第 2 期。

社会建设和管理，推进社会管理体制创新"，要"深入研究社会管理规律，完善社会管理体系和政策法规，整合社会管理资源，建立健全党委领导、政府负责、社会协同、公众参与的社会管理格局"。这是最早的关于社会管理格局的论述，明确了社会管理中党委、政府、社会、公众这些主体及其相互关系，直到今天也是社会治理理论论述的基础内容。

2006 年，党的十六届六中全会提出"社会建设与经济建设、政治建设、文化建设协调发展"，明确了社会管理的七项任务：建设服务型政府，强化社会管理和公共服务职能；推进社区建设，完善基层服务和管理网络；健全社会组织，增强服务社会功能；统筹协调各方面利益关系，妥善处理社会矛盾；完善应急管理体制机制，有效应对各种风险；加强社会治安综合治理，增强人民群众安全感；加强国家安全工作和国防建设，保障国家稳定安全。

2010 年，党的十七届五中全会对"加强和创新社会管理"进行了重点阐述和部署，指出要"按照健全党委领导、政府负责、社会协同、公众参与的社会管理格局的要求，加强社会管理法律、体制、能力建设。完善法律法规和政策，健全基层管理和服务体系，加强和改进基层党组织工作，发挥群众组织和社会组织作用，提高城乡社区自治和服务功能，形成社会管理和服务合力"①。2011 年 2 月 19 日，胡锦涛在省部级主要领导干部社会管理及其创新专题研讨班上发表重要讲话，指出："社会管理的基本任务包括协调社会关系、规范社会行为、解决社会问题、化解社会矛盾、促进社会公正、应对社会风险、保持社会稳定等方面。"② 2012 年，党的十八大报告提出"加强和创新社会管理"，进一步提出要加快形成"党委领导、政府负责、社会协同、公众参与、法治保障"的社会管理体制，加快形成"源头治理、动态管理、应急处置"相结合的社会管理机制。至此，关于社会管理的格局、体制机制基本形成。2000 年以来，由于一些暴力拆迁、暴力执法、官员贪腐等问题引发一系列群体性事件，法治保障成为社会管理中突出强调的重点。事实上，这一时期，源头治理、动态管理、应急处置这样的社会管理机制也可以窥见当时社会管理的工作任务。

源头治理是针对土地征收、房屋拆迁、暴力执法、非正常死亡等社会突发事件提出的从分配公正和社会保障角度解决问题的思路。动态管理是针对当时被讨论和诟病的"静态稳定观"或"刚性稳定观"。针对"刚性维稳"比较有代表性的集中论述是胡联合、胡鞍

---

① 中共中央文献研究室编：《十七大以来重要文献选编》（中），中央文献出版社 2011 年版，第 991 —992 页。
② 《胡锦涛文选》第 3 卷，人民出版社 2016 年版，第 489 页。

钢提出的"动态稳定观"①。传统维稳思路片面强调社会政治稳定的静止和绝对性，其实是对社会变迁的消极抵制，科学的稳定观应当将稳定视作动态的、开放式的，一种局部变化而整体相对不变的动态平衡，进而实现渐进式的改善。过分强调静态的稳定会丧失社会活力，导致发展僵化停滞。应急处置是关于社会突发事件的现场处置经验，关于应急管理，集中的实践经验是"一案三制"②，即制定修订应急预案，建立应急体制、机制和法制，包括"横向到边、纵向到底"的应急预案体系，"统一领导、综合协调、分类管理、分级负责、属地为主、全社会参与"的应急管理体制，"统一指挥、功能齐全、反应灵敏、协调有序、运转高效"的应急机制，应急工作制度化、规范化、法制化，应急管理"六进"（进社区、进企业、进农村、进学校、进机关、进家庭），以及应急管理"五有"（有预案、有机构、有队伍、有物资储备、有科普宣传）。这些都是自 2003 年非典以后，群体性事件爆发以后形成的现场处置经验。2022 年国务院印发《"十四五"国家应急体系规划》，提出"到 2025 年，应急管理体系和

①　胡联合、胡鞍钢：《科学的社会政治稳定观》，《政治学研究》2004 年第 4 期。
②　闪淳昌等：《中国突发事件应急体系顶层设计》，科学出版社 2017 年版，第 9 页。

能力现代化建设取得重大进展，形成统一指挥、专常兼备、反应灵敏、上下联动的中国特色应急管理体制，建成统一领导、权责一致、权威高效的国家应急能力体系"。

　　关于如何认识这些社会问题，2013 年，习近平总书记在中央党校建校 80 周年庆祝大会上的讲话中指出："当前，全党面临的一个重要课题，就是如何正确认识和妥善处理我国发展起来后不断出现的新情况新问题。"[①]这是一个符合马克思主义唯物辩证法的认识，社会稳定的很多问题确实是在经济发展起来之后产生的。换句话说，不是经济发展带来稳定，而是经济发展本身刺激了公众参与需求，当制度供给、政策供给不足时，产生不稳定因素，正是基于这样的理念提出了"加强和创新社会管理"，而"科学发展观""构建社会主义和谐社会"是对这些问题的集中系统回答。

　　2011 年 2 月 19 日，胡锦涛在省部级主要领导干部社会管理及其创新专题研讨班上的讲话中指出，"社会管理要搞好，必须加快推进以保障和改善民生为重点的社会建设"[②]，这个讲话提出的关于社会管理的八点意见，较为系统全面地代表"加强和创新社会管理"的内涵和

---

① 习近平：《在中央党校建校 80 周年庆祝大会暨 2013 年春季学期开学典礼上的讲话》，人民出版社 2013 年版，第 3 页。
② 《胡锦涛文选》第 3 卷，人民出版社 2016 年版，第 506 页。

外延，其中强调了群体性事件应对的主要措施是"进一步加强和完善党和政府主导的维护群众权益机制。加强和改进社会管理，形成科学有效的利益协调机制、诉求表达机制、矛盾调处机制、权益保障机制，统筹协调各方面利益关系，妥善处理人民内部矛盾，依法按政策及时处理群众反映的问题，坚决纠正损害群众利益的不正之风，切实维护群众合法权益"，"进一步加强和完善流动人口和特殊人群管理和服务……建立覆盖全国人口的国家人口基础信息库……建立健全实有人口动态管理机制……完善特殊人群管理和服务政策"，"进一步加强和完善信息网络管理……提高对虚拟社会的管理水平……健全网上舆论引导机制"。①

从上述表述中我们可以看到从"管制"向"服务"的整体转变，事实上党的十七大报告提出建设"服务型政府"作为中国政府行政改革的目标，旨在强化社会管理和公共服务，此后社会力量参与公共服务供给的社会管理格局的形成正是这一改革目标的现实反映。利益协调、诉求表达、矛盾调处、权益保障这些概念都表明了社会矛盾源头处理的思路，流动人口和特殊人群的管理和服务、社区自治、舆论引导等都已经进入社会管理议

---

① 《胡锦涛文选》第 3 卷，人民出版社 2016 年版，第 501、502、504—505 页。

程。这说明社会矛盾和冲突不再只是以公安机关的执法处理为方式，而是纳入"社会管理"范畴，对一些经济利益引发的社会矛盾，更是提出了源头治理。最为关键的，讲话作出了总体判断："社会管理要搞好，必须加快推进以保障和改善民生为重点的社会建设。"在上访潮高发的 2003 年，很多集体上访本质上就是一些由于经济发展而忽略的民生问题。

2012 年 11 月 8 日，胡锦涛在党的十八大报告中指出发展中存在的困难和问题："城乡区域发展差距和居民收入分配差距依然较大；社会矛盾明显增多，教育、就业、社会保障、医疗、住房、生态环境、食品药品安全、安全生产、社会治安、执法司法等关系群众切身利益的问题较多，部分群众生活比较困难。"[1]进而指出，"畅通和规范群众诉求表达、利益协调、权益保障渠道"，"建立健全重大决策社会稳定风险评估机制"。[2]这些理念都在地方政府创新上有不同程度的体现。

（三）国家治理现代化中的社会治理与基层治理

社会治理是国家治理的重要内容，基层治理是国家治理的基石。无须赘言，基层治理是社会治理的重心。

---

① 《胡锦涛文选》第 3 卷，人民出版社 2016 年版，第 615 —616 页。
② 《胡锦涛文选》第 3 卷，人民出版社 2016 年版，第 644 页。

伴随党的十八届三中全会提出"推进国家治理体系和治理能力现代化"之后，社会治理也成为同一谱系概念。社会治理的内涵在现代化方面得到完善，社会治理的内容在社会稳定、国家安全方面得到阐发。

从社会管理到社会治理，有学者认为，社会治理包括社会管理和社会自治。①事实上，从社会管理到社会治理不仅仅是多元治理理念下自治力量的强调，"治理和管理一字之差，体现的是系统治理、依法治理、源头治理、综合施策。社会治理是一门科学，要着力提高干部素质，把培养一批专家型的城市管理干部作为重要任务，用科学态度、先进理念、专业知识去建设和管理城市"②。

"社会治理"作为一个学术概念，产生于"治理"话语体系之下。在学术界的讨论中，"社会治理""社会治理创新""社会治理变革""社会治理模式""社会治理体制创新""社会治理体系"几乎是等同的术语。有学术研究认为："社会治理是以实现和维护群众权利为核心，发挥多元治理主体的作用，针对国家治理中的社会问题，完善社会福利，保障改善民生，化解社会矛盾，促进社会公

---

① "中国社会管理评价体系"课题组：《中国社会治理评价指标体系》，《中国治理评论》2012 年第 2 期。
② 中共中央文献研究室编：《习近平关于社会主义社会建设论述摘编》，中央文献出版社 2017 年版，第 127 —128 页。

平，推动社会有序和谐发展的过程。"①国家治理、政府治理、社会治理、公司治理、法人治理等，构成了国家治理体系下不同领域下的结构成分。同样，从理路演进来看，伴随新公共管理运动的背景，处理公共事务方式的演变逻辑体现为："管控—管理—治理"，因此，也可以说"社会治理"是对"社会管理"的变革。

2013 年 11 月 12 日，党的十八届三中全会通过的《中共中央关于全面深化改革若干重大问题的决定》，对全面深化改革的重大意义和指导思想关于社会建设部分作了如下阐述："紧紧围绕更好保障和改善民生、促进社会公平正义深化社会体制改革，改革收入分配制度，促进共同富裕，推进社会领域制度创新，推进基本公共服务均等化，加快形成科学有效的社会治理体制，确保社会既充满活力又和谐有序。"这是在党的十八大提出"五位一体"总体布局后，党对社会建设的重要战略部署，也是党深化社会治理创新的重要安排。《中共中央关于全面深化改革若干重大问题的决定》指出"创新社会治理体制"，包括改进社会治理方式、激发社会组织活力、创新有效预防和化解社会矛盾体制、健全公共安全体系四个方面。

党的十九大报告明确了社会治理的社会化、法治

---

① 姜晓萍：《国家治理现代化进程中的社会治理体制创新》，《中国行政管理》2014 年第 2 期。

化、智能化、专业化等现代化要求，提出："加强社会治理制度建设，完善党委领导、政府负责、社会协同、公众参与、法治保障的社会治理体制，提高社会治理社会化、法治化、智能化、专业化水平。"①党的十九届四中全会作为对国家治理体系和治理能力现代化要求的系统阐述，提出了社会治理格局以及社会治理的重点工作目标，即"坚持和完善共建共治共享的社会治理制度，保持社会稳定、维护国家安全"，"社会治理是国家治理的重要方面。必须加强和创新社会治理，完善党委领导、政府负责、民主协商、社会协同、公众参与、法治保障、科技支撑的社会治理体系，建设人人有责、人人尽责、人人享有的社会治理共同体，确保人民安居乐业、社会安定有序，建设更高水平的平安中国"。②在党委领导、政府负责、社会协同、公众参与、法治保障的社会管理格局下，社会治理制度体系在政府负责和社会协同之间增加了"民主协商"，在最后增加了"科技支撑"。至此，社会治理制度的系统论述生成。而关于社会治理制度要实现的目标，确定为社会稳定和国家安全，而不仅仅是保障和改善民生，这背后可以看出从"发展"到

---

① 习近平：《决胜全面建成小康社会 夺取新时代中国特色社会主义伟大胜利——在中国共产党第十九次全国代表大会上的报告》，《人民日报》2017年10月28日。
② 《中共中央关于坚持和完善中国特色社会主义制度 推进国家治理体系和治理能力现代化若干重大问题的决定》，《人民日报》2019年11月6日。

"治理""安全"的逻辑转换。社会治理制度要具体发挥的治理效能，则概括为完善正确处理新形势下人民内部矛盾有效机制、完善社会治安防控体系、健全公共安全体制机制、构建基层社会治理新格局、完善国家安全体系等。

三、新时代社会治理理论

　　党的十八大以来，关于社会治理理论有着丰富的论述发展和研究探索。如前所述，党的十八大报告关于社会管理格局、社会管理体制、社会管理机制的内容也是社会治理制度相关论述的理论雏形，因此也作为新时代社会治理理论的重要组成部分。在新时代，社会治理格局、体制、机制、体系、制度有着相似的具体内容，而社会治理机制仍在探索和完善之中，十年内实现基层治理体系和治理能力现代化是未来一段时期社会治理的重要目标。笔者整理出新时代党的文献关于社会治理的论述（见表 2），逐一分析新时代社会治理理论的特征。

表 2 新时代党的文献关于"社会治理"相关理论论述内容

年份	文献	理论部分
2012	《坚定不移沿着中国特色社会主义道路前进 为全面建成小康社会而奋斗——在中国共产党第十八次全国代表大会上的报告》	·社会建设 ·社会管理体制 ·社会管理机制
2017	《决胜全面建成小康社会 夺取新时代中国特色社会主义伟大胜利——在中国共产党第十九次全国代表大会上的报告》	·社会治理格局 ·社会治理体制 ·社会治理机制
2019	《中共中央关于坚持和完善中国特色社会主义制度 推进国家治理体系和治理能力现代化若干重大问题的决定》（2019 年 10 月 31 日中国共产党第十九届中央委员会第四次全体会议通过）	·社会治理制度 ·社会治理体系 ·社会治理共同体 ·基层社会治理 ·城乡基层治理体系 ·市域社会治理现代化
2020	《中共中央关于制定国民经济和社会发展第十四个五年规划和二〇三五年远景目标的建议》（2020 年 10 月 29 日中国共产党第十九届中央委员会第五次全体会议通过）	·社会治理体系 ·社会治理共同体 ·社会治理重心向基层下移 ·市域社会治理现代化
2021	《中共中央 国务院关于加强基层治理体系和治理能力现代化建设的意见》	·基层治理体系 ·基层治理机制 ·基层管理服务平台

依据表 2 逐一展开，党的十八大报告提出，加强社会建设必须以保障和改善民生为重点、必须加快推进社会体制改革。其中关于加快推进社会体制改革提出"加快形成党委领导、政府负责、社会协同、公众参与、法治保障的社会管理体制"，"加快形成源头治理、动态

管理、应急处置相结合的社会管理机制"。^① 这个关于社会管理体制的表述，是法治思维下多元主体协同共治的格局；关于社会管理机制的表述则是在当时的社会公共安全事件频发的形势下通过源头治理、动态管理、应急处置解决问题的方式。报告对社会管理机制未有过多论述，这给学界提供了较大的研究阐释空间，源头治理和动态管理属于社会稳定问题的预防阶段，应急处置属于社会稳定问题的处理阶段，源头治理切中分配公正、社会保障等源头问题，动态管理切中"静态稳定观"，应急处置切中已经发生了的社会突发事件。

按照理论组成部分的论述时间展开，笔者将新时代社会治理理论具体内容作了梳理（见表 3）。

党的十九大报告延续"保障和改善民生水平"的目标，提出"加强和创新社会治理"，具体内容有七个方面：优先发展教育事业、提高就业质量和人民收入水平、加强社会保障体系建设、坚决打赢脱贫攻坚战、实施健康中国战略、打造共建共治共享的社会治理格局、有效维护国家安全。教育、就业等社会事业位列其中，社会保障、国家安全作为社会治理的目标单独强调，脱贫攻坚战和健康中国战略则是特定阶段的重大战略任务，报告首次提出"打造共建共治共享的社会治理格

---

① 《胡锦涛文选》第 3 卷，人民出版社 2016 年版，第 640、640—641 页。

表 3　新时代社会治理的理论发展

理论部分	具体内容	总体任务	出处
社会建设	必须以保障和改善民生为重点；必须加快推进社会体制改革	在改善民生和创新社会管理中加强社会建设	党的十八大报告（2012）
社会管理体制	党委领导、政府负责、社会协同、公众参与、法治保障		
社会管理机制	源头治理、动态管理、应急处置相结合		
社会治理格局	共建共治共享	提高保障和改善民生水平，加强和创新社会治理	党的十九大报告（2017）
社会治理体制	党委领导、政府负责、社会协同、公众参与、法治保障		
社会治理机制	预防和化解社会矛盾机制		
社会治理制度	共建共治共享	坚持和完善共建共治共享的社会治理制度，保持社会稳定、维护国家安全	党的十九届四中全会通过的决定（2019）
社会治理体系	党委领导、政府负责、民主协商、社会协同、公众参与、法治保障、科技支撑		
社会治理共同体	人人有责、人人尽责、人人享有		
社会治理机制	正确处理新形势下人民内部矛盾有效机制、社会治安防控体系、公共安全体制机制、国家安全体系等		
基层社会治理	基层社会治理新格局		
城乡基层治理体系	党组织领导的自治、法治、德治相结合		

理论部分	具体内容	总体任务	出处
社会治理体系（列举）	健全党组织领导的自治、法治、德治相结合的城乡基层治理体系，完善基层民主协商制度	加强和创新社会治理	关于"十四五"规划和2035年远景目标的建议（2020）
社会治理共同体	人人有责、人人尽责、人人享有		
社会治理重心向基层下移	加强城乡社区治理和服务体系建设，减轻基层特别是村级组织负担，加强基层社会治理队伍建设，构建网格化管理、精细化服务、信息化支撑、开放共享的基层管理服务平台		
市域社会治理现代化	加强和创新市域社会治理		
基层治理体系	党组织统一领导、政府依法履责、各类组织积极协同、群众广泛参与，自治、法治、德治相结合	用10年时间基本实现基层治理体系和治理能力现代化	中共中央国务院关于加强基层治理体系和治理能力现代化建设的意见（2021）
基层治理机制	常态化管理和应急管理动态衔接		
基层管理服务平台	网格化管理、精细化服务、信息化支撑、开放共享		

局"，明确了"加强社会治理制度建设，完善党委领导、政府负责、社会协同、公众参与、法治保障的社会治理体制，提高社会治理社会化、法治化、智能化、专业化水平"。关于社会治理体制的内容与党的十八大报告并无二致，但随着社会安全事件的减少，预防和化解的机制被"现代化"的要求取而代之，"社会化、法治化、智能化、专业化"成为社会治理的发展方向，社会治理体制中单独强调了"加强预防和化解社会矛盾机制建设"，这与党的十九大提出的社会主要矛盾的变化不无关联，如何预防和化解社会矛盾，就是当前一段时期内社会治理的重要机制。通过比较研究，就不难得出新时代社会治理理论的重点内容。

《中共中央　国务院关于加强基层治理体系和治理能力现代化建设的意见》将国家治理体系和治理能力现代化顶层设计深化具体到基层。毕竟，和人民群众利益密切相关的事项大多发生在基层。"枫桥经验"表明，将矛盾纠纷化解在基层是行之有效的治理办法。相较党委、政府、社会、公众组成的多元社会治理体系，基层治理体系强调党组织统一领导、政府依法履责、各类组织积极协同、群众广泛参与，同时坚持"枫桥经验"中的自治、法治、德治相结合的做法。随着利益矛盾越来越多元化，尤其是新冠疫情带来的社区治理和应急管理的挑战，应急管理开始逐渐成为常态化管理。在基层治理机制中，常态化管理和应急管理动态衔接纳入议程。基层的治理工作除了要强调治理主体、治理机制、治理方式，还要依托治理平台，这也是基层工作的抓手，包括网格化管理、精细化服务的实务平台以及信息化支撑、开放共享等虚拟平台。

（一）突出民主协商

党的十九届四中全会提出了到新中国成立 100 年时"全面实现国家治理体系和治理能力现代化"，对十三个方面的制度体系进行设计，其中，关于社会治理的理论论述形成了可观的理论成果。其中包括（但不限于）社会治理制度、社会治理体系、社会治理共同体、社会治理机制、基层社会治理、城乡基层治理体系等内容的明确。明显的理论创新在于对"社会治理体系"的表述，从"党委领导、政府负责、社会协同、公众参与、法治保障"的社会治理体制，丰富完善为"党委领导、政府负责、民主协商、社会协同、公众参与、法治保障、科技支撑"的社会治理体系，除了多元主体以及法治思维，在政府和社会之间增加了"民主协商"，在最后增加了"科技支撑"，这二者确实是理论和实践互动之下社会治理体系完善的结果和方向。

随着社会治理的精细化，如何实现政府与社会、公众的互动是社会治理的重点和难点，基层民主协商制度是一个重点方向。

关于民主协商，或者说协商民主①，更多理论在中国特色社会主义协商民主制度体系之中。党的十八大把"协商民主"从一种基层民主形式上升为一种国家制度构成形式，协商实践从政党之间、政府与社会之间逐渐扩展到社会团体、公民之间，形成了国家层面的"政治协商"、国家与社会之间的"政策协商"和社会层面的"社会协商"构成的中国特色协商民主体系。②协商民主通过平等对话的方式，促进政治参与、释放公共理性，实现国家与社会、政府与公民在公共治理中的良性互动，包括政党协商、人大协商、政府协商、政协协商、人民团体协商、基层协商、社会组织协商七种渠道③，体现为提案、会议、座谈、论证、听证、公示、评估、咨询、网络等多种形式。社会治理中的民主协商，更多体现为社会协商、基层协商。基层协商民主是以解决基层社会主要矛盾问题为具体目标的，基层党组织、人大、

---

① "民主协商"与"协商民主"的区分，详见燕继荣、彭莹莹等：《中国基层协商民主制度化研究》，人民出版社 2023 年版。
② 李修科、燕继荣：《中国协商民主的层次性——基于逻辑、场域和议题分析》，《国家行政学院学报》2018 年第 5 期。
③ 《中共中央印发〈关于加强社会主义协商民主建设的意见〉》，《人民日报》2015 年 2 月 10 日。

政协、社区自治组织、基层社会组织、外来人口、驻社区单位、志愿者等多元主体参与的，广泛应用于选举、立法、决策、监督等管理环节的，通过听证会、议事会、恳谈会、代表大会等协商形式，围绕城市和乡村社区公共安全、公共环境、矛盾纠纷、公共设施、公共文化等民生问题展开的基层民主形式。

协商民主在实现利益整合、降低决策风险、加强基层社会自治和增进社区公共理性方面成效显著。[1] 第一，作为一种民主制度，协商民主有利于实现利益整合。国内外的学术研究也表明，公共领域的协商民主可以用来解决社会冲突问题，协商民主有利于增进互信、扩大共识，从而有助于控制和解决社会冲突。例如，何包钢在广东的一个协商民主实验证明了协商民主和协商治理在解决上访问题时的成效。[2] 第二，作为一种决策方式，协商民主有利于降低决策风险。基于村集体财产预算协商的浙江温岭"民主恳谈"以及目前社区治理中社区居委会、社区工作站、社区专业委员会、物业公司、业主委员会的议事机制都已经在决策的各个环节充分发挥协商在降低风险方面的积极作用。第三，作为一种治理机制，协商民主有利于培育社会自治。基层协商本身就是

---

① 　彭莹莹：《协商治理与社会矛盾化解》，《社会主义研究》2021 年第 1 期。
② 　何包钢：《协商民主和协商治理：建构一个理性且成熟的公民社会》，《开放时代》2012 年第 4 期。

加强基层社会自治的重要机制。全国社会矛盾化解和社会治理创新的样板"枫桥经验"，即"小事不出村，大事不出乡，矛盾不上交，平安不出事，服务不缺位"，其核心要义就是党发动群众进行社会自治，将矛盾化解在基层。第四，作为一种民主形式，协商民主有利于增进公共理性。随着现代社会分工的精细化，人与人之间愈趋"原子化"，减弱了社会协作的文化根基。协商民主是一种很好的方式，通过培育公民理性、促进政治参与，增强社区凝聚力，真正实现激发社会活力、让社会运转起来、让民主运转起来。

（二）强调科技支撑

随着互联网、云计算、5G、大数据、人工智能的技术进步，城市大脑、智慧社区、掌上政务平台等实践发展，科技赋能确实已经成为新时代社会治理最大的特征，推动社会管理精细化、公共服务精准化。城市大脑、智慧社区已经成为这些年地方社会治理的重点方面。一方面，充分运用大数据能够对社会治理的情况和问题进行准确预测和积极预防；另一方面，运用大数据等信息技术能够整合政务服务平台，实现一站式跨省通办，提升社会治理的效能。

以某地智慧运营管理中心建设为例，据笔者的调查，首先是从组织体系上成立"智慧运营管理中心"，落实云服务中心、大数据共享交换平台、网络优化提升、网络安全管理和标准规范，在此管理中心组织领导下，从政务、经济、城管、民生四个方面具体建设智慧板块，每一板块包括若干智慧应用，打通线上线下配合的优质高效管理和服务。智慧运营管理中心可以视作一个智慧管理大厅，具体为占地1500平方米、高9.5米的市政大厅，包括领导决策室、指挥席及多种智慧城市管理功能席位，集大数据应用、城市综合管理、应急协同指挥功能于一体，对城市运行状态进行全面感知、态势预测、事件预警和决策支持，同时通过各种大数据整合提供便民服务、提高行政效率。

再以北京海淀城市大脑建设为例，总体框架：一张感知网、一个智能云平台、两个中心（大数据中心、AI计算中心）、N个创新应用（前期聚焦5个示范应用）。技术支撑体系：以遍布海淀全域的城市感知网络为硬件基础，以城市大数据为核心资源，以物联网、云计算、大数据、人工智能为关键技术。机制保障体系：以政府主导、多元参与、共建共享为机制保障，对海淀全域进行全感知、全互联、全分析、全响应、全应用，给城市赋能，并促进其高质量发展。业务应用体系：城市管理、公共安全、城市交通、生态环保、人口监测。在城市管理领域，应急指挥平台 60 秒接报响应、3 分钟事件报传，接报环节采用语音识别、自然语义分析等 AI 技术，实现突发事件处置全过程可追溯。同时，城市大脑研究院不断征集应用场景等解决方案，如交通综合治理方案、市容环卫提升综合治理方案、生态环境综合分析及风险防控方案、区域人流监测及产业结构优化方案、智慧社区场景解决方案、智慧河湖生态治理方案、AI 计算处理中心、城市智能运营中心、时空一张图等。

全国层面，科技的运用也在不断解决政务共享难题，提高行政办事效率。数据已然成为第四生产要素。早在 2015 年，国务院就发布了《促进大数据发展行动纲要》，其中医疗数据关涉民生保障，最早进行政务资源的整合。2016 年，国务院办公厅出台了《关于促进和规范健康医疗大数据应用发展的指导意见》。2021 年，国务院办公厅出台《全国一体化政务服务平台移动端建设指南的通知》，深化"互联网＋政务服务"、加快推进全国一体化政务服务平台建设，助力社会治理现代化。

（三）明确基层党组织是基层治理现代化的关键

"加强和创新社会治理，关键在体制创新，核心是人，只有人与人和谐相处，社会才会安定有序。社会治理的重心必须落到城乡社区，社区服务和管理能力强了，社会治理的基础就实了。"① 如前所述可以看出，如果说民主协商、科技支撑是当下社会治理体制的创新，那么社会治理重心向基层下移、向基层放权赋能就是未来很长一段时间内社会治理的重点工作方向。

《中共中央　国务院关于加强基层治理体系和治理能力现代化建设的意见》明确提出，用 5 年左右时间，实现基层治理体系和治理能力现代化水平明显提高，在此基础上再用 10 年时间，基本实现基层治理体系和治理能力现代化。这个路线图与中国特色社会主义现代化强国的两个阶段是同向同行的。所谓基层，从组织学的角度而言，是指社会组织结构和行政管理组织中最低的层次，与群众的联系最直接最广泛，是构成各种组织的基础。就中国社会现实而言，基层组织机构的外延包括党的基层组织（乡镇、街道党委，村、社区党委，企事业单位党委等）、基层政权机关（不设区的市、市辖区人民代表大会和人民政府，乡、民族乡、镇人民代表大会和人民政府）、基层群众自治组织（城市社区居委会、农村村民委员会）和企事业单位。

在基层治理中，乡镇（街道）和城乡社区构成了主

---

① 《习近平在参加上海代表团审议时强调　推进中国上海自由贸易试验区建设　加强和创新特大城市社会治理》，《人民日报》2014 年 3 月 6 日。

要场域。在城市社区，街道办事处、社区居委会、物业公司、业主委员会、社会组织、社会工作者、户籍居民、非户籍居民等构成了治理的多方主体；在乡村社区，村党支部委员会、村民委员会、村民小组、乡贤组织、党员、村民构成了治理的多方主体。如果将民主协商落实在基层（社区），就要回答一个理论问题，基层社会治理中治理的制度化如何推进，首要的一点是明确主体责任者。① 比较不同的民主体系就会发现，相较而言，党组织系统、人大系统、政府系统、政协系统、社会自治系统中，党组织最有条件和基础成为基层协商治理的主体责任者。首先，党的组织体系最为严密。人民代表大会作为正式的立法机构，包括了从中央到地方（省、市、县区、乡镇）五级政权结构中的全国人民代表大会和地方各级人民代表大会。政治协商会议作为中国共产党与社会各界代表的政治协商机构，贯穿于从中央到地方（省、市、县区）四个层级中的中国人民政治协商会议全国委员会和地方委员会，其组织机构设置最低到县。基层政府是我国基层政权的执行机构，包括农村基层政府和城市基层政府，在农村有乡、民族乡、镇一级机构，在城市有不设区的市、

---

① 燕继荣、彭莹莹：《构建党组织为主体责任者的基层协商民主制度化体系》，《新视野》2020 年第 3 期。

市辖区一级机构，为了便于行政管理，城市基层政权一般设有自己的派出机关——街道办事处。而根据党章规定，正式党员超过三名就应当成立党支部。而且，人大系统主要从立法层面发挥汇聚民智、听取民意的作用；政府作为行政机关易陷入同为决策者和执行者的角色冲突中且无暇顾及。其次，中国共产党的性质、使命以及以人民为中心的发展思想和"群众路线"的传统，决定了党的系统最适合担当主体责任者角色。

如果从治理目标、治理主体、治理方式、治理内容四个方面来看，"社会治理"可作如下理解：社会治理是为了实现社会稳定、社会公正、社会信任，在党委领导、政府负责、社会协同、公众参与之下，通过法治化、多元化、信息化、服务化、透明化等方式，对城市、区县、乡镇的公共安全、利益冲突、社会保障、公共环境、医疗卫生、文化教育、城市管理等领域进行的治理。而"社会治理现代化"除了多元主体这一理念转变外，更多的是"治理方式"这一层面的意义，如民主化、法治化、透明化、服务式、制度化、精细化等。这些内容都是未来社会治理理论和实践丰富完善的重点内容。"基层治理体系和治理能力现代化"相对于"国家治理体系和治理能力现代化"而言，构成了一个专门的话题和领域，如何实现基层协商治理，如何实现平衡充分的发展，如何在网格化管理、精细化服务、信息化支撑、开放共享的基层管理服务平台下落实基层治理现代化，都是必须也必将回答的理论和实践问题。

新时代的区域与城市治理

韦　欣

北京大学习近平新时代中国特色社会主义思想

研究院研究员，研究方向为区域与城市治理。

区域与城市治理是科学社会主义理论的重要内容。早在19世纪中期，马克思、恩格斯围绕曼彻斯特和巴黎，对西方城市社会进行全面分析考察，使城市治理成为现代社会科学体系的重要组成部分。马克思在《法兰西内战》中阐明了巴黎公社的重要性，指出巴黎公社是新生的具有社会主义国家雏形的政权，并认为巴黎公社是在一个城市的范围内实行新型的社会主义国家治理实践。恩格斯更明确地指出："1871年，工人阶级自从有自己的历史以来第一次在一个作为首都的大城市中掌握了政权。"① "想知道无产阶级专政是什么样子吗？请看巴黎公社，这就是无产阶级专政。"②

　　党的十八大以来，区域与城市治理更是成为完善和发展中国特色社会主义制度、推进国家治理体系和治理

---

① 《马克思恩格斯选集》第4卷，人民出版社2012年版，第266页。
② 《马克思恩格斯文集》第3卷，人民出版社2009年版，第111—112页。

能力现代化的重要内容。习近平总书记结合多年在地方、中央等不同层级、不同区域治理经验，创造性地提出完善区域与城市治理的新要求和新主张，指出区域与城市治理的一系列新命题必须得到高度重视。在面对空间治理上的新问题时，既要因地制宜、精准施策，又要统筹全局、兼顾各方，以契合新时代的区域与城市治理需要，提升新时代的区域与城市治理水平。加快推进区域与城市治理现代化，必须以马克思主义为指导，深入研究习近平总书记关于区域与城市治理现代化的重要论述，深刻领会深层次内涵，深刻领会文化是城市的灵魂，在区域与城市的建设治理中贯彻新发展理念，坚定文化自信；深刻领会"区域协调发展""城市是人民的城市，人民城市为人民"思想，把衣食住行、教育就业、医疗养老、文化体育、生活环境、社会秩序作为区域与城市治理的出发点与落脚点，在理论与实践的结合上，下真功夫、实功夫、细功夫。

一、新时代的区域协调发展战略

区域协调发展理念，是习近平经济思想的重要组成部分，是引领新时代区域经济发展实践的重大理论创新。当前，我国处于向第二个百年奋斗目标进军的关键时刻，区域发展正面临诸多新情况和新问题。党的十八大以来，以习近平同志为核心的党中央站在战略和全局的高度，对区域协调发展提出一系列新思想、新论断、新要求，创造性地提出了一系列中国特色社会主义区域发展重大理论观点和战略思想，为努力建设现代化经济体系、实现中华民族永续发展、走向经济高质量发展新时代指明了前进方向和实现路径。

（一）习近平总书记关于区域协调发展重要论述的历史逻辑

"历史是最好的教科书"。习近平总书记关于中国特色社会主义区域协调发展的理念，正是在对我国近现代区域经济发展从平衡到非平衡过渡、从非协调发展到协调发展的历史演进规律的深刻认识和把握中逐渐完善成熟的。注重从党的历史经验和实践中吸取经验教训、启迪治国理政智慧、体悟初心使命、奋力开拓前进，是我们党的优良传统和独特优势。基于这一历史唯物主义的立场、观点和方法，习近平总书记对国家区域发展的历史进程和经验教训进行了系统考察和理性反思，为全面优化区域发展格局、提高空间治理效能、提升区域发展质量提供了重要的历史依据。

区域发展直接影响一国经济增长、社会稳定、可持续发展和整体竞争力。中国幅员辽阔、人口众多，各地区自然资源禀赋差别之大在世界上鲜有，因此统筹区域发展从来都是一个重大问题。改革开放以前，为实现区域经济平衡发展，保障国防战略安全，我国实施了从沿海转向内地的均衡发展战略，使中西部地区工业结构布局逐步趋于合理。改革开放初期，在"两个大局"区域发展思想指引下，东部发挥区位、资金、技术和人才等优势率先发展，带动国民经济发展水平整体提高，非均衡发展战略初显成效。20世纪90年代，在东西部经济发展差距加大的形势下，我国区域经济发展战略开始从区域非均衡发展向区域协调发展转变，统筹东中西、协调南北方，进一步优化区域经济发展格局，促进了区域协调发展，取得了良好效果。从区域发展战略的演变中不难看出，我国根据区域实际情况和经济社会发展的需要，不断调整和创新区域发展战略，在不同历史背景下提出和实施与时俱进的区域发展战略，都体现出区域发展战略坚持以人民为中心、实现协同发展这一根本要求。这些历史进程都生动地提供了开创新时代区域高质量发展道路、坚持和发展中国特色社会主义区域协调发展战略体系的历史方位和坐标。习近平总书记关于中国区域发展的论述，深刻揭示出区域发展平衡与不平衡辩证关系的历史演进逻辑："不平衡是普遍的，要在发展中促进相对平衡。这是区域协调发展的辩证法。"①

进入新时代，我国经济发展的空间结构发生了深刻变化，习近平总书记将其总结为三个主要方面：区域经济发展分化态势明显、发展动力极化现象日益突出、部分区域发展面临较大困难。针对这样的新情况和新问题，习近平总书记站在历史和时代的高度总结出"按照客观经济规律调整完善区域政策体系，发挥各地区比较优势，促进各类要素合理流动和高效集聚，增强创新发展动力，加快构建高质量发展的动力系统，增强中心城市和城市群等经济发展优势区域的经济和人口承载能力，增强其他地区在保障粮食安全、生态安全、边疆安全等方面的功能，形成优势互补、高质量发展的区域经济布局"②的总体破局思路。这些论断丰富和发展了马克思主义区域经济理论，以历史的证明力和理论的解释力坚定了党和人民深入推进区域协调发展、建设社会主义现代化经济体系的意志和信念。

全面推进乡村振兴，形成区域治理理论体系。1996年，习近平同志在福建履职时，中央就确定福建对口帮扶宁夏。在 20 年后的东西部扶贫协作座谈会上，与会

---

① 习近平：《推动形成优势互补高质量发展的区域经济布局》，《求是》2019 年第 24 期。
② 习近平：《推动形成优势互补高质量发展的区域经济布局》，《求是》2019 年第 24 期。

代表分组现场考察了闽宁扶贫协作的情况。廿载以来，闽宁双方建立了联席推进、结对帮扶、产业带动、互学互助、社会参与的切实有效的扶贫协作机制。闽商在宁夏创新创业，宁夏贫困群众在福建稳定就业，这样的局面为推动宁夏经济社会发展发挥了重要作用，是"乡村振兴""脱贫攻坚"中区域治理方面宝贵的实践成果和经验总结。在2017年党的十九大上，习近平总书记指出，要按照十六大、十七大、十八大提出的全面建成小康社会各项要求，坚定实施乡村振兴战略、区域协调发展战略等基本战略，尤其强调了打赢脱贫攻坚战的重要性。其中，习近平总书记曾多次强调，实施乡村振兴战略，是党的十九大作出的重大决策部署，是新时代做好"三农"工作的总抓手，其重要性不言而喻。在具体推进执行乡村振兴战略的伟大实践下，习近平总书记立足全局、登高望远，不仅统筹全局、切实落实乡村振兴战略，更在这一实践过程中逐渐形成一套富有创造性和实践力的区域治理理论体系。乡村振兴不是"头痛医头，脚痛医脚"的事业，而是要城乡统筹协调、融合发展，做到乡村产业、人才、文化、生态、组织等多方面的振兴。在这一战略部署中，习近平总书记指出，首先要坚持党的领导，把解决好"三农"问题作为全党工作重中之重，充分认识到没有农业农村现代化就没有整个国家的现代化；在具体工作中，要重点处理好一定程度上关系着事业成败的工农关系和城乡关系。总而言之，区域协调发展工作要在党的有力领导下，以城乡融合发展体制机制的制度保障，坚持农业农村优先发展的总方针，以实现农业现代化的总目标。而在具体的执行层面，不仅要注意按规律办事，突出抓好农民合作社和家庭农场两类农业经营主体发展，以激活主体内生动力，不断提高农业经营效率；还要意识到城乡融合、经济发展不能以破坏环境为代价，"绿水青山就是金山银山"，要切实统筹好乡村振兴全局，促进好农业农村发展。

（二）习近平总书记关于区域协调发展重要论述的理论逻辑

区域发展理论是促进区域经济协调发展的重要依据。新形势下，习近平总书记把握国内外经济发展环境的变化，针对我国区域经济发展中存在的新老问题，创造性地提出一系列促进区域经济协调发展的新思想新战略，形成了具有中国特色的新时代区域协调发展思想。区域发展差距正是由于区域发展的不平衡不协调造成的。当前，我国经济已由高速增长阶段向高质量发展阶段转型，高质量发展的一个重要目标就是要破解不平衡不充分的问题。然而伴随我国经济进入新常态，经济增长约束和条件发生了系统而深刻的变化，一方面，原有的供给侧要素成本较低的比较优势已逐渐逆转；另一方面，需求侧的广阔投资和消费需求正向超越温饱，寻求美好生活的方向转变——这都要求区域协调发展战略发生同步转变，以新理论新思想指引新实践新举措，推动形成优势互补、高质量发展的区域经济布局。

习近平总书记深刻把握马克思主义理论的精髓，在坚持和完善中国特色社会主义制度、推进国家治理体系和治理能力现代化的伟大实践中，把马克思的社会再生产理论运用到社会主义的社会化生产，形成新时代中国特色社会主义政治经济学中的区域协调发展理论。"协调"理念在区域治理中具体内涵十分丰富："协调既是发展手段又是发展目标，同时还是评价发展的标准和尺度，是发展两点论和重点论的统一，是发展平衡和不平衡的统一，是发展短板和潜力的统一。"①区域经济发展的目的不仅仅只是经济在数量上的积累和增长，更要追求经济、政治、文化、社会、生态文明"五位一体"多个层次的全面协调发展；区域经济发展的方式不仅仅只是追求速度和效率的提升，更在于注重区域经济的平衡

---

① 《习近平在省部级主要领导干部学习贯彻十八届五中全会精神专题研讨班开班式上发表重要讲话强调 聚焦发力贯彻五中全会精神 确保如期全面建成小康社会》，《人民日报》2016 年 1 月 19 日。

性、系统性与可持续性，能够推动实现国家在更高层次的发展；区域经济发展的评价标准不仅仅只是以区域内的发展水平为尺度，还要以产业、城乡、陆海、跨区域联动等维度的充分协调发展为参考坐标。其中，包含的理论创新性主要体现在以下四个方面。

第一，尊重客观规律，提出空间资源配置优化论。在多年实践经验基础上，习近平总书记指出，要科学认识产业和人口向优势区域集中，形成以城市群为主要形态的增长动力源，进而带动经济总体效率和质量提升的经济规律；要破除资源流动障碍，使市场在资源配置中起决定性作用，促进各类生产要素自由流动并向优势地区集中，优化资源配置方式、提高资源利用效率，推动我国经济在实现高质量发展上不断取得新突破。在优化区域资源配置方面，习近平总书记深入调研京津冀协同发展工作，提出"行政区划资源论"，指出通过用好行政区划这一资源，能够优化现有生产要素配置和组合，促进生产要素流动，提高全要素生产率，不断增强经济内生增长动力；在完善区域合作机制方面，习近平总书记指出，要推动完善区域间协调机制、健全市场化运作机制，在调动各级、各地政府的积极性和主动性的同时，破除由于区际竞争所造成的重复建设问题和区域经济市场壁垒，释放区域发展活力。

　　第二，发挥比较优势，培育开放型主导竞争优势理念。随着我国开放型经济进入新时代，国家参与全球化分工既需要发挥既有比较优势又亟待培育主导竞争优势。一方面，经济发展条件较好的地区要善于运用比较优势，着力培养原有优势区域以技术、品牌、质量、服务为核心竞争力的新优势；另一方面，区域内部和区域之间要以空间为载体形成合力，促进我国产业在全球价值链地位的提升，争取在价值链中的主导地位，依托核心技术建立以我为主的全球价值链，形成面向全球的贸易、融资、生产、服务的价值链，形成国际经济合作和竞争区位新优势。面对"全球经济治理体系和规则"的"重大调整"，习近平总书记以高瞻远瞩的战略高度警示要维护国家安全，增强边疆地区发展能力，以保障国家重大利益相对处于没有危险和不受内外威胁的状态和持续安全状态，依法严密防范、打击敌对势力渗透颠覆破坏活动，推动形成自觉维护区域安全的强大人民力量。

　　第三，完善空间治理，提出完善和落实主体功能区战略。在对空间治理模式的探索中，习近平总书记结合多年在地方、中央等不同层级、不同区域的空间治理经验，创造性地提出对完善空间治理的新要求、新主张。他强调"主体功能"这一概念的重要性，主张在空间治理上要"完善和落实主体功能区战略，细化主体功能区划分"，主体的功能定位不同，区域的具体情况不同，政策的制定和实施就要切实做到有差异、有效果。以探索长江经济带发展为例，2013年习近平总书记在武汉调研时提出"长江流域要加强合作，充分发挥内河航运作用，发展江海联运，把全流域打造成黄金水道"，自此，长江这条黄金水道，成为习近平总书记发展区域治理理论体系的着眼点。2014年政府工作报告指出"依托黄金水道，建设长江经济带"，这标志着长江经济带发展战略正式登上了全国统筹发展的大舞台。2016年1月在重庆、2018年4月在武汉，习近平总书记均着重指出了深入推动长江经济带发展工作中，在生态环境、产业空间布局等各个方面须明确"要什么、弃什么、禁什么、干什么"，做到"统筹沿江各地积极性"。《长江经济带发展规划纲要》的正式颁布，按照"生态优先、流域互动、集约发展"的思路，明确了长江经济带"一轴、两翼、三极、多点"的发展新格局。顶层设计的不断完善、日趋清晰，为有关部门和11个沿江省市厘清了发展思路，明确了前进目标及基本路径。依托长江这条横贯东西的黄金水道，长江经济带的发展带动了长江中上游腹地发展，促进了中西部地区有序承接沿海产业转移，打造了推动中国经济发展的新的支撑，有序推进上中下游协同联动发展，下好区域协调发展"一盘棋"。在长江经济带发展的同时，习近平总书记指出必须深入贯彻新发展理念，构建新发展格局，推动高质量发展，走出一条生态优先、绿色发展的新路子。各地加快推进植树造林及林草植被修复、湿地保护和修复、城镇污水垃圾收集处理三大工程，启动实施了横跨湖北、湖南、重庆等省市的 10 个湿地保护工程，有效推进了生态环境的综合治理。

在长江经济带战略的规划过程中，习近平总书记坚持系统思维和整体思维，彰显了新时代区域协调治理的大格局，体现了习近平生态文明思想。长江经济带，通江达海，地分南北，水接东西，是推动中国全面崛起的天选之地。而整个长江区域横贯 11 个省份，面积超过 200 万平方公里，人口超过总人口 40%。在如此广阔的范围内推动，不能在意一城一地的得失，而应该协调联动，综合治理，全面把握，统筹谋划。为了推动系统性的综合治理，必须正确把握整体推进和重点突破、生态环境保护和经济发展、总体谋划和久久为功、破除旧动能和培育新动能、自身发展和协同发展五对关系，才能站在历史和全局的高度，从中华民族长远利益出发，为推动长江经济带发展把脉定向。长江经济带如此，全国各地亦如此。遵循习近平总书记的这一新思路，要按照主体功能定位划分政策单元,对重点开发地区、生态脆弱地区、能源资源地区等制定差异化政策,分类精准施策,推动形成主体功能约束有效、国土开发有序的空间发展格局。

第四,坚持以人民为中心,以区域协调发展推动实现共同富裕。马克思主义政治经济学理论指出,"生产将以所有的人富裕为目的",社会主义现代化就是共同富裕逐步实现的过程。习近平总书记进一步指明:"让广大人民群众共享改革发展成果,是社会主义的本质要求,是社会主义制度优越性的集中体现,是我们党坚持全心全意为人民服务根本宗旨的重要体现。"① "我国经济发展的'蛋糕'不断做大,但分配不公问题比较突出,收入差距、城乡区域公共服务水平差距较大","为此,我们必须坚持发展为了人民、发展依靠人民、发展成果由人民共享,作出更有效的制度安排,使全体人民朝着共同富裕方向稳步前进"。② 共享经济发展、区域协调发展是以人民为中心的发展思想的具体体现,也是推动中国进入"强起来"阶段的重要标志。通过区域协调发展,"逐步实现城乡居民基本权益平等化、城乡公共

---

① 中共中央文献研究室编:《十八大以来重要文献选编》(中),中央文献出版社 2016 年版,第 827 页。
② 中共中央文献研究室编:《十八大以来重要文献选编》(中),中央文献出版社 2016 年版,第 827 页。

服务均等化、城乡居民收入均衡化、城乡要素配置合理化，以及城乡产业发展融合化"①，是实现共同富裕的必由之路。这方面问题解决得好，全体人民推动发展的积极性、主动性、创造性就能充分调动起来，国家发展才能具有最深厚的伟力。

（三）习近平总书记关于区域协调发展重要论述的实践逻辑

2019 年 12 月，习近平总书记在《推动形成优势互补高质量发展的区域经济布局》一文开篇明确指出："当前我国区域经济发展出现一些新情况新问题，要研究在国内外发展环境变化中，现有区域政策哪些要坚持、哪些应调整。要面向第二个百年目标，作些战略性考虑。"②

党的十八大以来，以习近平同志为核心的党中央以京津冀协同发展、长江经济带发展、粤港澳大湾区建设等新区域协调发展战略，推动我国经济在实现高质量发展上不断取得新进展。习近平总书记根据新的区域经济

---

① 《习近平在中共中央政治局第二十二次集体学习时强调　健全城乡发展一体化体制机制　让广大农民共享改革发展成果》，《人民日报》2015 年 5 月 2 日。
② 习近平：《推动形成优势互补高质量发展的区域经济布局》，《求是》2019 年第 24 期。

发展实践需要，对推进区域协调发展提出更加丰富、更加系统、更加明确的指导思想和总体要求，深刻回答了区域协调发展的若干重大理论和实践问题，成为推动区域经济高质量发展的理论遵循和行动纲领。

东北振兴战略以产业结构升级促进高质量发展。2014年，习近平总书记在参加十二届全国人大二次会议吉林代表团审议时强调，东北老工业基地振兴发展，不能再唱工业"一柱擎天"、结构单一的"二人转"，要做好"加减乘除"：加法——投资、需求、创新，减法——淘汰落后产能，乘法——创新驱动，除法——市场化程度。过去，东北振兴总体上"加法"做得多，"减法""乘法"和"除法"相对做得不够，有待补课。同时强调，振兴东北战略已到了"滚石上山、爬坡过坎"的关键阶段。东北老工业基地经济连续下行，出现了断崖式下跌，成了全国范围内少见的"经济塌陷区"，对此，习近平总书记一针见血地指出了问题所在，强调老工业基地支柱产业要通过创新实现优化升级、脱胎换骨，进行深入改革创新，实现适应经济新常态的战略性调整。除产业结构调整的困境之外，体制机制上的障碍是东北振兴战略的又一道枷锁。对此，习近平总书记在东北考察时提出四个要求，即着力完善体制机制、着力推进结构调整、着力鼓励创新创业、着力保障和改善民生的要求。习近平总书记指出，坚决破除体制机制障碍，形成一个同市场完全对接、充满内在活力的体制机制，是推动东北老工业基地振兴的治本之策。习近平总书记对于东北振兴战略的深入认识，充分把握了两点论与重点论相统一的规律，不仅要适应和把握趋势性特征，更要突出重点，解决经济结构失衡、市场机制失灵等核心问题。

在建设城市群进程中以区域联动推进实现高质量发展。2017 年，国家发展改革委和粤港澳三地政府在香港共同签署《深化粤港澳合作　推进大湾区建设框架协议》，建设粤港澳大湾区成为国家战略。风起南海，潮涌珠江，2019 年《粤港澳大湾区发展规划纲要》的出台标志着区域协调发展战略深入发展到了新的阶段，粤港澳区域坐拥显著的区位优势，积累了雄厚经济实力，创新要素集聚、国际化水平领先，已具备建成国际一流湾区和世界级城市群的基础条件。习近平总书记殷殷嘱托，希望香港、澳门继续带头并带动资本、技术、人才等参与国家经济高质量发展和新一轮高水平开放。与此同时，中部崛起战略、成渝地区双城经济圈战略的实施，进一步贯彻了以新发展理念为主要内容的习近平经济思想。在对于资源要素配置和高质量发展的深入阐述中，习近平总书记点明了高质量发展的"三个向度"，只有坚持"实施力度""空间广度""时间维度"三个向度上的统一共进，才能更好地实现高质量发展。同时，区域协调发展要根据各地区条件，走合理分工、优化发展的路子，落实主体功能区战略，完善空间治理，形成优势互补、高质量发展的区域经济布局。高质量发展不是一时一事的要求，而是必须长期坚持的要求，更是"所有地区发展都必须贯彻的要求"。坚定不移贯彻高质量发展，才能在危机中育先机、于变局中开新局。

在全面建成小康社会的背景下统筹推进区域内和跨区域协调发展布局。欠发达地区的发展问题和区域的发展不平衡问题是新时代全面建成小康社会必须跨越的障碍。习近平同志在浙江工作期间，有效推动浙江经济与上海接轨，深化参与长三角地区交流与合作；响应中央的号召，主动承担对新疆、西藏等欠发达地区的对口帮扶和支援义务，打开对内跨区域联动发展的新道路；全面把握国际形势，实施"主动国际化"，深化对外开放，坚持内源发展与对外开放、外向拓展相结合，充分利用国内国际两个市场、两种资源，不断提高区域本土经济的竞争力。习近平总书记不仅关心区域内欠发达地区与发达地区的协调发展问题，还看到跨区域协调发展的必要性和可行性。从区域内欠发达地区与发达地区的协调发展到城市群的协调发展，丰富的实践经验进一步延展了习近平总书记关于区域协调发展重要论述的内涵。

在转向高质量发展进程中不断探索区域经济发展良策。立足新发展阶段，习近平总书记曾多次在关于各个地区的座谈会上强调推动区域协调发展、保障增进民生福祉的重要性。2018 年 4 月，习近平总书记在深入推动长江经济带发展座谈会上发表重要讲话，强调推动长江经济带需要正确把握五对关系：整体推进和重点突破、生态环境保护和经济发展、总体谋划和久久为功、破除旧动能和培育新动能、自身发展和协调发展，这正是习近平总书记高质量发展理念具体应用于长江经济带的生动实践。2019 年在江西考察时，习近平总书记对中部地区崛起又提出推动区域制造业高质量发展等八项要求，还特别提到中国共产党伟大革命精神在今时今日的继承、发扬与创新。同年 8 月，在中央财经委员会第五次会议上，习近平总书记对东北地区高质量发展提出"主动调整经济结构，推进产业多元化发展"等多项具体要求。2021 年在青海考察时，习近平总书记明确指出青海的生态安全地位、国土安全地位、资源能源安全地位极为重要，要优化国土空间开发保护格局，坚持绿色低碳发展，立足高原特有资源禀赋，积极培育新兴产业。习近平总书记关于区域协调发展的重要论述继承和发展了马克思主义有关区域经济理论，开辟了马克思主义有关区域经济理论中国化的新境界，构成了习近平经济思想的重要组成部分，进一步充实和完善了西部、东北、中部、东部四大板块高质量发展的政策体系。

在推进新发展理念中深化区域协调发展实践。国际化大都市的治理现代化，是推动我国经济社会各方面治理体系和治理能力现代化的重要一环，其扎根于改革开放40多年的伟大发展与实践，又是下一阶段的高质量发展的重要出发点。在对上海、深圳、京津冀等大都市区域发展提要求、指方向时，习近平总书记多次强调大都市区域要全面提升自主创新能力，力争在基础科技领域作出大的创新、在关键核心技术领域取得大的突破，要解决制约产学研相结合的体制机制性障碍；要持续用力、不断深化，提升社会治理能力，增强社会发展活力；要调整经济结构和空间结构，探索出人口经济密集地区的优化开发的模式，形成新的增长极，辐射带动其他城市，促进区域协调发展。新形势下，通过创新思路推动城市治理体系和治理能力现代化是国际化大都市治理的重要课题。国际化大都市治理的中国方案坚持以人民为中心的发展思想，以深化改革、扩大开放为重点，深入贯彻了新发展理念，极大丰富了中国特色国际化大都市治理实践的内涵。

习近平总书记关于区域协调发展的重要论述诠释着习近平总书记在数十年从政实践中以史为鉴、不忘初心、勇于创新、善于总结的理论创造力，生动呈现了我国与时俱进、因地制宜、不断调整和创新区域发展战略的实践生命力。沿着这一方向继续前进，我们必将续写中国特色社会主义区域协调发展的新篇章，开启实现全体人民共同富裕的新征程。

二、新时代的城市治理

（一）新中国成立以来中国共产党城镇化政策的理论与成就

新中国成立以来，中国经历了人类历史上规模最大、增速最快的城镇化，并取得了一系列伟大成就。第一，形成了具有竞争力的城市体系，突出了城市在社会发展中的地位；第二，繁荣了农村经济，推动了小康社会进程；第三，改变了人民群众的思想观念，促进了人的现代化；第四，走出了具有中国特色的城镇化道路，为社会发展作出重大贡献。

中国城镇化主要经历了四个阶段：第一阶段是1949 — 1957年，这是新中国成立后城市化发展的第一个黄金时期。

毛泽东将马克思主义的城乡关系理论中国化，形成了以"城乡兼顾"为主要内容的城乡关系思想。在这一思想的领导下，大中城市迅速增加，初步改变了新中国成立前城市规模结构两头重、中间轻的格局，城市区域分布趋向均衡化。第二阶段是改革开放后，以邓小平同志为主要代表的中国共产党人，总结新中国成立以来城乡建设的经验，突破了城乡隔离的制度藩篱，开创了中国特色社会主义城乡关系的新局面。一系列的体制改革，带动了价格和商品流通制度改革，打破了城乡二元体制对土地、劳动力等生产要素的限制，各种生产要素在城乡之间活跃起来，乡镇企业也成为推动城镇发展的重要动力。第三阶段是世纪之交，广大农民要求进城的愿望非常强烈，但全国大多数城市的基础设施都欠账很多，要消化新增城市人口难度很大。对此，党的十五届三中全会提出建设社会主义新农村的伟大构想。在此基础上，党的十六大提出了通过推进西部大开发、加快中部崛起、振兴东北地区等老工业基地等战略来促进区域协调发展，实现人口城镇化。这一时期，长三角、珠三角、京津冀地区发展迅速。第四阶段是党的十八大以来，习近平总书记提出"以人为核心"的新型城镇化建设，将人的生活质量和生活水平的提高作为城镇化发展的出发点和落脚点。将生态文明理念和原则全面融入城镇化全过程，走集约、智能、绿色、低碳的新型城镇化道路。党的十八大报告共有七处提到了城镇化，是历次党代会中提到城镇化最多的一次，真正意义上开始了从高速城镇化向高质量城镇化的转变。

中国特色社会主义进入新时代，国内国际经济社会不断发展，我国面临的发展环境也发生重大改变。习近平总书记明确指出，自 2008 年国际金融危机以来，我国经济已经在向以国内大循环为主体转变；未来一个时期，国内市场主导国民经济循环特征会更加明显。目前，市场和资源两头在外的国际大循环动能明显减弱，而我国内需潜力不断释放，国内大循环活力日益强劲，客观上有着此消彼长的态势。为应对这样的发展条件，习近平总书记提出要加快完善国内统一大市场，形成供需互促、产销并进的良性循环；要建设现代综合运输体系，形成统一开放的交通运输市场，形成内外联通、安全高效的物流网络；要完善现代商贸流通体系，完善社会信用体系，强化支付结算等金融基础设施建设。总而言之，需要重视、建设起高效有序的国内大市场，建设好高效有序的现代流通体系，推动经济的高质量发展。习近平总书记同时强调，新发展格局决不是封闭的国内循环，而是开放的国内国际双循环。中国作为世界上最大的发展中国家、世界第二大经济体，在世界经济中的地位必将持续上升，同世界经济的联系会更加紧密，为其他国家提供的市场机会将更加广阔，成为吸引国际商品和要素资源的巨大引力场。重视国内大循环不等于摒弃国外的资源和机遇。40 余年改革开放的伟大实践经验已经证明而且必将继续证明，与世界经济的紧密联系能够为中国和世界带来双赢。我们要以辩证思维看待新发展阶段的新机遇新挑战，尤其是在新冠疫情影响下，面临百年未有之大变局，我们既要做好面对风险与困难的准备，又要迎难而上，争取化危为机。进入新时代，我们面对的是新的局面、新的机遇，也同样面对着新的风险、新的挑战。要实现高质量发展，就要在党的坚强领导下，在重视政府宏观调控的同时充分发挥市场，尤其是国内市场的动力活力，扩大内需、深化改革、创新创业、开放合作，让国民经济循环更加畅通、走势更加昂扬，让民生福利更有保障、发展更加均衡，在"全国一盘棋"的新时代中国特色社会主义伟大实践中实现城市治理的高质量发展。

中国作为发展中的大国，面临的发展形势、遵循的发展路径、要达到的发展目标是需要准确把握的道路指南。2020 年 8 月，习近平总书记在经济社会领域专家座谈会上发表重要讲话，给出了精确判断。习近平总书记指出，"十四五"时期我国将进入新发展阶段，我们要正确认识和把握中长期经济社会发展重大问题，要着眼长远、把握大势，开门问策、集思广益，研究新情况、作出新规划。在讲话中，习近平总书记尤其强调，要推动形成以国内大循环为主体、国内国际双循环相互促进的新发展格局。这样的新发展格局不是凭空得来，而是根据我国发展阶段、环境、条件变化提出来的，是我国的重要战略抉择。改革开放已有 40 多年，2020 年习近平总书记在深圳经济特区建立 40 周年庆祝大会上指出，我国正处于实现中华民族伟大复兴的关键时期，经济已由高速增长阶段转向高质量发展阶段。我国社会主要矛盾发生变化，正在形成以国内大循环为主体、国内国际双循环相互促进的新发展格局。同时，我国经济正处在转变发展方式、优化经济结构、转换增长动力的攻关期。面对新形势，我们需要新发展理念，具体来说，则是要以创新、协调、绿色、开放、共享的新发展理念，指引新时代的城市治理。根据区位差异，习近平总书记强调，各地区要结合实际情况，因地制宜、扬长补短，走出适合本地区实际的高质量发展之路。

（二）新时代中国城市发展规律与格局

我们进一步通过统计数据来了解人口与产业演进视角下中国城市的发展规律与格局。

首先是城市的人口结构。我国总人口数（除港澳台）从 1978 年的 962.59 百万人逐步增加到 2022 年的 1411.75 百万人，超过了全世界总人口数的 1/6，是一个名副其实的人口大国。从人口结构上来看，过去 40 多年增加的人口主要来自 20 岁以上人口数量的增加，从 519 百万人增加到 1155.60 百万人，这一部分人口比例的扩张带来了中国经济社会的变化，20 岁以上人口对住房的需求、汽车的需求、稳定工作的需求贯穿着中国过去 40 多年的社会经济发展。对于这一部分人的进一步研究可以帮助我们深入了解中国发展——城市居民如何选择自身工作的地点，选择在何处栖身，选择何种类型的职业，都将影响到中国城市化的结构和格局；同时，这一部分 20 岁以上人群的消费行为和结构也呈现在中国的市场发展方向上。根据国家统计局数据，1978 年末，我国城镇常住人口仅有 1.7 亿人，常住人口城镇化率仅为 17.92%；到 2022 年末，城镇常住人口已经达到 9.2 亿人，常住人口城镇化率达到 65.22%，比 1978 年末提高 47.3 个百分点。人口城镇化有效扩大了城市规模，拓宽了城市市场，丰富了城市行业结构。这一期间，中国农村 20 岁以上的人口基本上维持在 500 百万人左右。由此可见，中国过去的发展主要体现在城市发展之上，中国改革开放 40 多年的成就主要表现在城镇化的成就中。中国 663 个城市的发展和变化，以及其所取得的成就，为中国特色社会主义经济道路提供了丰硕的经济发展成果，是经济活动和市场发展的重镇所在。

城市人口增长有三个来源：城市人口自然增长、农村移民与城市边界扩展。根据《国务院发展研究中心背景研究：城镇化与经济增长》报告，上述三个来源对城市人口增长的贡献率分别为 9%、56% 与 35%。可见，农村进城移民对中国人口城市化起到了一半以上的作用。根据世界银行相关统计，2000 年中国进城务工农民工数量大约为 7900 万人，占城市就业人口的 35%；而这一数据在《2016 年农民工监测调查报告》中是 16934 万人，占城市就业人口的 41%。同期农村 16 — 64 岁人口总数为 40700 万人，即 16 — 64 岁的农村人口中大约每 3.5 个人中就有 1 个进城务工者。农村的城市移民是中国工业化的重要贡献者，占第二产业就业总人数的 58%、第三产业就业总人数的 52%、建筑业就业总人数的 80%。

其次是城市数量和规模分布。从城市数量上看，大城市的数量在增加，中等城市的数量从上升转为稳定，小城市的数量在减少。①2015 年，超大城市达到 4 个，分别为上海市、北京市、重庆市、天津市；特大城市从

———————

① 大城市指 100 万人口以上的超大城市、特大城市、Ⅰ 型和 Ⅱ 型大城市。

2010 年的 5 个上升到 2015 年的 9 个，分别为广州市、成都市、南京市、西安市、哈尔滨市、汕头市、杭州市、沈阳市、武汉市。中等城市数量从 1990 年的 31 个上升到 2015 年的 92 个，小城市数量从 1990 年的 194 个大幅下降到 2015 年的 51 个。城市规模呈现出"两头少、中间多"的橄榄型分布。

从城市规模来看，整体而言，2010 — 2015 年中国大部分城市规模都在扩张，扩张较快的城市主要集中在三大都市圈（包括京津冀和山东、长三角、粤港澳大湾区）和中西部核心城市（如成都、重庆、郑州、武汉、西安、长沙）。京津冀和山东、长三角、粤港澳大湾区的经济发展起步早，吸引了大量的人口流入。人口增长最快的城市是重庆，人口年均数量增加 130 万人，此外，天津市年均增加 57 万人，北京市年均增加 45 万人，汕头市年均增加 37 万人，广州市年均增加 37 万人，绍兴市年均增加 33 万人，青岛市年均增加 26.5 万人，成都市年均增加 25 万人，深圳市年均增加 20.4 万人。

当前，我国的城市化进入了新阶段，城市规模分布主要表现为东部城市群扩张与中西部核心城市扩张快于其他地区的局面，呈现出大城市不够大、小城市还太小的特征。人口集聚能够推动城市群和都市圈地区社会经济的快速发展与城镇化水平的不断提高，对地区社会繁

荣、文化交流与思想创新有着积极的影响。目前，中国
人口超过 1000 万的超大城市有上海、北京、重庆、天
津、广州、深圳、成都七座城市。作为一个拥有 14 亿
多总人口的大国，我国未来超大城市的数量有潜力达到
10 个或以上，未来还有较大的超大城市发展空间，这就
需要土地供给改革与房价调控、户籍改革和政策的进一
步改革。

　　过去几十年中，我国城市发展以高增长为主要发展
目标，这种模式在短时间内曾为经济增长积累了充足的
物质资本，但以人力资本积累为核心的人口集聚效应还
未得到充分发挥。当前，我国经济增长愈加凸显出对人
力资本的强烈诉求。从统计数据来看，我国的城镇化水
平与人力资本竞争力之间存在正相关的关系。城市规模
越大，人力资本的积累能力越强。北京、上海、深圳、
广州、成都等区域中心城市在人力资本竞争力方面处于
明显优势地位，未来不仅人口将继续集聚，高技能人才
也将继续向这些中心城市集中。为了实现追赶，许多区
域的有为政府在企业的科技创新、人力资本积累方面加
大支持力度，像合肥、苏州、武汉、珠海等这样一支异
军突起的城市队伍，都在加快通过培育先进科技产业，
积累人力资本，推动高质量的城镇化。

　　事实上，产业化与城市化二者的关系就像"发动

机"与"加速器",而明星企业和龙头企业不仅对于城市的产业发展和人力资本积累的引领作用巨大,对于包括城市影响力和竞争力、促进高质量城镇化的作用也非常重要。例如,合肥近年来在激烈的城市竞争中崛起与京东方的进驻密不可分。没有这样的明星企业坐镇,合肥的地位和能级或许无法实现如今的迅速崛起。另一个典型例子是阿里巴巴之于杭州。杭州正是在阿里巴巴这样的世界级科技公司的引领与带动下,不断加速科技与产业升级和新经济的发展,逐步迈向超级城市的阵营。

城镇化与产业结构存在密切联系,二者的同步发展是保障国民经济良性快速发展的重要条件。城镇化的进程伴随着产业结构的转移,1978—2008年,我国城镇化率均落后于工业化率,2009年以后,我国城镇化率首次超过工业化率,并逐步拉开与工业化率的差距。城镇化的发展滞后于工业化,将可能制约第二、第三产业的发展,进而削弱城镇吸纳农村剩余劳动力的能力,阻碍城镇化的高质量发展,甚至还会影响国民经济的整体效益。因此,在城镇化发展的新阶段,我国仍有必要将产业结构转型和升级作为提升城镇化发展质量的重要抓手。

从城市的产业发展视角来看,城市的高质量发展需要依据自身产业环境及其所处产业链的位置,选择与其自身资源禀赋相适应、相匹配的产业发展战略。同时，在城市治理语境下，随着经济中头部企业和重要行业的营业份额占比上升，城市运营者往往要在高科技企业带来的经济效益及其产生的垄断加剧造成的就业环境冲击下作出妥善抉择。城市发展政策的制定和执行，既需要关注区域内和区域间的产业协调，也需要加强对当地劳动者权益保护措施。城市和地区能够久经考验、持续创新的关键因素在于以人为本，确保每一个人、每一座城市和地区都能享受可持续发展带来的成果。只有城市产业高质量发展起来、产业链不断延长，才能为城市发展与治理赢得"源头活水"，确保共同富裕"一个都不能少"。

在过去几十年中，第三产业在城市发展中的作用日益突出。随着城市的形成与发展，城市中工业的专业化分工也将不断加深。为了追求更低的生产成本和交易成本，那些对土地、自然资源等资源禀赋依赖性较强的工业部门就会逐步淡出城市。与此同时，城市人口的不断聚集又会使得有着更小规模需求的服务业向城市聚集。随着各地城镇化率的不断提高，第三产业的增加值占比也会逐渐增加，服务业在我国城市居民生活中将扮演更加重要的角色，未来我们还要进一步关注服务业的升级赋能。

城市的发展往往伴随着更为高效的组织方式。城市拥有更高的劳动生产率，因此农民工有着较强的动力进城务工以提高收入水平和改善生活质量。我们通过一组统计数据来回顾一下中国过去城镇化发展对我国城乡收入差异影响的时空变化。对比人口与收入的变化，中国城市总人口占全国总人口的比例由 1978 年的 17.9% 增加到了 2015 年的 56.1%，而城市人口总收入在全国总收入的占比则从改革开放之初的 29.7% 增加到 2015 年的 80.9%。城市的发展推动了我国工业化的进程，吸引了农村人口向城市的转移，也促使城市空间的迅速扩张和居民收入的显著增加。在农业经济社会向现代经济社会的转型过程中，非农人口从事的职业多在第二产业和第三产业，工业和服务业的生产率相较于农业生产率而言高出很多，这些不断提高的劳动回报率促进了城市人口收入的提高。此外，随着城市规模扩大，城市基础设施更加完善，便利的交通、完善的劳动力市场、相对低廉的招工成本和求职成本，以及丰富多样的工作类型带来的诸多便利，带动城市居民拥有更高的收入。另外，从人均收入水平的差距来看，城市人口和农村人口的人均收入差距也在逐步缩小，这与党的十八大以来我国推进经济结构战略性调整、完善农村基本经营制度、实行精准扶贫政策等具有重要的相关性。这些因素共同促成了农民收入和生活状况的改善以及城乡之间收入差距的缩小。可见，我国的城镇化发展道路在缩小城乡发展差距、解决发展不平衡不充分、实现共同富裕等方面发挥了重要作用。

在国内国际双循环的大背景下，城市群发展战略成为"十四五"时期经济增长最大潜能之一。2013年以来，党中央要求把城市群作为推进国家新型城镇化的主体形态，城市群逐渐成为支撑全国经济增长、促进区域协调发展、参与国际竞争合作的重要平台。我国目前有九大国家中心城市，分别是北京、上海、广州、天津、重庆、成都、武汉、郑州和西安。此外，南京、济南、沈阳、长沙等也都在积极创建国家中心城市。以此为基础，"十三五"规划共提出了建设19个城市群的战略部署，分别是：1. 三大世界级城市群：珠三角（广州、深圳）、长三角（上海、杭州、南京、合肥）、京津冀（北京、天津）。2. 南方区域（3个）：长江中游城市群（武汉、长沙、南昌）、海峡西岸城市群（福州、厦门）、北部湾城市群（南宁）。3. 西南区域（3个）：成渝城市群（成都、重庆）、黔中城市群（贵阳）、滇中城市群（昆明）。4. 北方区域（6个）：中原城市群（郑州）、山东半岛城市群（青岛、济南）、辽中南城市群（大连、沈阳）、哈长城市群（哈尔滨、长春）、山西中部城市群（太原）、宁夏沿黄城市群（银川）。

当前，我国多数城市群尚未发展成熟，培育都市圈则是从城镇化到城市群的中间阶段。都市圈是城市群内部以超大、特大城市或辐射带动功能强的大城市为中心、以1小时通勤圈为基本范围的城镇化空间形态。例如，广东将珠三角城市群划分为广佛肇、深莞惠、珠中江3个都市圈，推动珠三角一体化进程。都市圈将促进城市功能互补、产业错位布局，推动公共服务共建共享和政策协同。《中国都市圈发展报告2018》显示，除港澳台之外，目前全国共有34个中心城市都市圈，占全国总面积的24%、总人口的59%、GDP的77.8%。整体而言，随着国家战略的顺利推进，都市圈和城市群将成为区域协调发展的新增长极。

推动城市群发展还是推进新型城镇化和实现乡村振兴的重要举措。与以往将要素、人口单向从农村导入城市的发展路径不同，当前城镇化的发展更侧重于资源要素在乡村、城镇、大城市、中心城市之间的双向流动和良性互动。然而城市群的发展很大程度上取决于公共服务均等化，具体可以包括：1. 建立就业信息共享平台，统一城市群内各大城市的积极就业政策，促进城市群内有就业意愿的人员，特别是农村剩余劳动力在城市群内自由流动、充分就业。2. 建立教育资源共享平台，实现城市群内优质教育资源的交流共享，并通过远程教学等方式，将这些优质教育资源送达农村和边远地区，以缩小城乡和地区的差距。3.建立医疗合作平台，通过协商，推动医保就医在城市群内实行无障碍异地即时报销，实现城市群医保卡在城市群内医保定点药店的低门槛、零障碍购药，建立疑难杂症网络会诊平台，实现优势医疗资源在城市群内的共享。4.建立社会保障共享平台，在城市群内建立统一的有关社会保障的制度和政策，并在此基础上，促进社会保障的无条件、无障碍转移接续，促进城市群内人员更加自由流动。5.建立文化体育活动共享平台，实现城市群文体信息共享、资源交流，促进文化、体育团体进校园、进工矿、进农村，丰富城市群内人民群众的文化体育生活，等等。

（三）新时代城市治理应对时代变革的路径选择

随着我国城镇化进程加快，城市总人口数已经超过农村总人口数，城市治理对人们日常生活的影响变得更加重要。一方面，城市化进程加快，使得很多城市不堪重负，产生了一些新问题，如城市发展缺乏合理规划、中心城区过于拥挤、交通堵塞、资源浪费、环境质量下降、各城市管理部门协同困难等；另一方面，随着经济的发展和市民生活水平的提高，城市居民对城市的治理水平和服务水平的要求在不断提高。各个城市都在采取各种措施，以解决城市发展过程中遇到的诸多新问题，为市民的生活提供更好的服务。随着科技的发展进步，利用信息技术进行城市治理的水平会逐渐提高。城市治理和城市运营可以结合大数据，利用信息技术解决至少三个方面的重要问题。

一是利用大数据和人工智能技术，帮助城市治理者作出更科学的决策。大数据是指信息时代产生的具有海量性、多样性、时效性和可变性等特征的数据流。在传统社会中，管理者也尝试收集各种数据以求决策的科学性，但这是一件相当费时费力之事。而今天，随着各种智能终端的出现、数据采集技术持续进步和数据模型持续更新迭代，越来越多的个人和机构在实践与运作中产生并储存了更为准确的海量数据。从城市治理角度来看，小到城市的井盖、路灯，大到桥梁、隧道；从车的行与停、人的聚与散，到街市百态、舆情民意，都能够以数据流的形态得以呈现。与此同时，大数据以及相关的数据分析科学和技术的发展，也为现代社会城市治理与决策提供了更好的基础。数据采集技术的发展使我们有能力实时收集数据，数据分析技术的发展使我们可以将获得的大量结构化和非结构化的数据转换为带有启发性的信息。这些带有洞察力的信息能够帮助政府部门作出更合理的决策，包括确定城市规划、产业投资、交通调度、公共服务的供给等。市民也可以根据这些信息来决定如何更合理地安排自己的城市生活。

二是结合城市运营的先行指标和预警指标，提前发现潜在问题。信息技术的快速发展，能够帮助城市管理者做到未雨绸缪而不是充当救火队员。在世界范围内，人工智能技术引领下的智慧城市服务在城市交通能源、社会治安、灾害防治、环境管理、医疗卫生等领域都有着大量的实践。例如，在自然灾害预警方面，巴西里约热内卢以常规天气预报为原始数据分析其在城市中的降雨量分布范围，进而计算出可预期的洪水分布以及对城市的影响，有效地改善了以往因雨季来临便出现山体滑坡、泥石流并造成洪水淹城的状况；在城市公共治安方面，美国芝加哥通过智能化的信息技术手段发现关键事件点，据此改变警力部署和警员的工作方式，从而提升了工作效率、节约了警力等。智慧城市实时响应、全面感知、动态调整、战略预警等特征，充分发挥了互联感知功能，综合运用射频识别、视觉采集、红外感应、无线定位、激光扫描等技术手段，对城市各类要素进行智能感知、识别、定位、跟踪、监测与管理，及时有效地甄别城市风险的弱信号，发布预警信息。[①]城市治理者能够针对城市健康状况随时有效地进行"体检"，及时发现潜在风险，提前采取应对措施。

三是利用信息技术整合各方资源，使城市运营更有效。城市治理是高度复杂的工作，牵涉内容繁多、部门众多，然而部门间的"信息孤岛"现象较为严重，相互之间的资源欠缺整合和协作。为了解决这类问题，各部门负责人需要借助信息技术手段，在市一级层面对相关信息资源进行信息管理与整合，在此基础上采取关联分析、聚类分析、系列模式分析等实现信息和数据的挖掘与应用，为管理者、决策者和城市居民提供更为科学的信息和提示。

以人工智能技术引领下的城市规划应用为例，城市规划是有关城市未来发展重要问题的决策，其主要内容包括城市基础设施规划、国土空间规划、产业结构规划和公共服务提供规划等。城市规划会对一个城市的经济活动空间分布、发展水平以及城市居民福利产生广泛而持续的影响。智慧城市辅助下的城市治理，不仅能够服务于整个城市规划底层架构和上层应用的升级和改造，最终还将服务于每个居民息息相关的日常生活，包括医

---

① 张立超、刘怡君、李娟娟：《智慧城市视野下的城市风险识别研究——以智慧北京建设为例》，《中国科技论坛》2014 年第 11 期。

疗、教育、环保、交通等多个领域，从而使城市居民的生活变得更为高质高效，激发城市的内在活力和能量。制定合理的城市规划，首先需要掌握更完整的、具备时效性的时空信息。2020年4月9日，中共中央、国务院公布了《关于构建更加完善的要素市场化配置体制机制的意见》，首次将数据要素纳入市场化改革范畴，明确了数据资源的战略意义。而对于城市治理来说，如果城市治理者能够了解更细致空间颗粒度的数据及其范围内的相关人口学信息，将有效促进人工智能技术在智慧城市项目中发挥重要作用，对精细化的城市治理大有裨益。在城市规划过程中，还需要将城市发展的外部性问题进行内在化。由于城市中的个体在缺乏组织协调的情况之下，可能会对城市中的其他个人或群体造成正的或负的外部性影响——这两方面的外部性都会导致"市场之手"的失灵，因此需要"政府之手"进行适当干预。在城市规划的过程中，需要准确把握外部性的存在范围与影响程度，并将其计入城市的发展成本当中，并根据实际情况，通过税收杠杆和明晰产权等一系列政策举措，做好解决外部性影响的准备。

以人工智能为底层技术的智慧城市基础设施，已逐步在我国各大城市投入使用，这将为城市治理变革提供有力的技术性支持，其中主要包括三个核心要素。第一是智慧城市的基础设施。它能够提供广覆盖、细颗粒和高频率的数据；第二是机器学习算法。通过对大数据的模拟、迭代，让系统自动或辅助人工更精准高效地作出认知判断，深入理解城市社会的经济运行的规律；第三是在人工智能基础上构建起的"城市大脑"。在政策实施之前，运用"城市大脑"对相关规律进行事先研究与预判，能帮助城市治理者制订更优的政策方案，提升城市治理的精准化水平。城市规划的目标函数，就是使城市中每个人的福利最大化。这三方面的相互结合，将助力形成"上接天线，下接地气"的更合理的城市规划，建成让老百姓满意的智慧城市服务体系。

以芜湖市的"城市大脑"为例。芜湖智慧城市协同创新中心基于大数据和人工智能技术，能够对城市进行全局实时分析，自动调配公共资源，承担着全市的态势感知和协同指挥的功能。其中，大数据管理中心是核心，负责提供数据等资源支撑。中心汇集215个部门、45.62亿条数据，覆盖了自然人、法人等各类型数据，并在数据支撑、惠民服务等多个方向提供了能力输出，实现了数据的汇集、共享、应用的无障碍衔接。在此基础上，中心通过信息系统互联互通、系统集成和资源整合，实现数据跨地域、跨层级、跨部门、跨系统的全面汇聚、融合和有效利用。以市长热线为主的17个部门

21 条热线，平均每月的工单处理量达三万多件，办复率达 100%。芜湖市还打造了智慧应急指挥中心。一是将全市 647 项应急物资、109 个应急队伍、238 名应急专家、126 个危险源等应急资源在同一张地图上呈现，并且可以在协同中心通过单兵与现场互动。二是通过接入天网的 6500 多路摄像头资源，结合讯飞的图像分析算法，可以发现人群密集、车辆侧翻等事件（故），主动上报到协同中心进行调度处置，推荐相关预案和专家团队，提升了应急事件处置效率，有效服务于市民的各种诉求，为大数据与人工智能在城市治理中的应用提供了良好的城市样板。①

新时代背景下，城市的发展方向已从物质资本积累阶段向以人为核心的新型城镇化方向转型，所有落脚点都放在人的健康、全面、均衡、充分的发展上。城市基层治理面临着更多新挑战、新机遇，尤其是城市基层社区治理，直接关系到群众的获得感、幸福感、安全感。对此，党领导下的政府创新扮演着日益重要的角色。区域政府的有为引领，能够在资源分配、基层治理环节发挥更为重要的作用，让"看不见的手"和"看得见的手"有机结合，让有为政府和有效市场双向联动，释放

---

① 《芜湖城市大脑：数据整合与人工智能让城市治理升级》，经济日报—中国经济网 2020 年 10 月 25 日。

潜在的城市活力。城市治理能力要跟上，就必须完善城市基层党建工作体系。"党建引领基层治理"就是把支部建在最基层，建在居民社区里，建立居民在自己家园里当家作主的方方面面的自治组织，共同维护公共财产以及使用秩序，让党建引领基层治理，优化城市治理模式，使城市治理政策"从群众中来，到群众中去"，引领城市文明发展的新形态。

共同富裕与中等收入群体

刘蓝予

北京大学习近平新时代中国特色社会主义思想研究院研究员，研究方向为政治经济学、中国经济。

中国特色社会主义进入新时代以来，习近平总书记高度重视共同富裕，围绕着共同富裕发表了一系列重要讲话，形成了一系列重要理论创新成果。以习近平同志为核心的党中央团结带领全党，不忘初心、牢记使命，从以人民为中心的发展思想出发，围绕实现共同富裕的目标，推动区域协调发展、有力保障和改善民生、决胜脱贫攻坚战、全面建成小康社会，为扎实推进共同富裕作出了功在千秋的战略部署、取得了彪炳史册的辉煌成绩、开创了前所未有的良好局面。

　　2021 年 8 月 17 日，习近平总书记在中央财经委员会第十次会议上指出："共同富裕是社会主义的本质要求，是中国式现代化的重要特征。"① 这一重要论述是我们准确理解共同富裕的实际意义、深刻把握共同富裕的

———————————

① 习近平：《扎实推动共同富裕》，《求是》2021 年第 20 期。

本质内涵的重要理论基点。

"本质要求"指明了共同富裕是由我国制度属性决定的，是建设社会主义现代化国家的应有之义，是中国特色社会主义事业的奋斗目标。1992 年，邓小平在南方谈话中指出："社会主义的本质，是解放生产力，发展生产力，消灭剥削，消除两极分化，最终达到共同富裕。"① 习近平总书记在中央财经委员会第十次会议上的重要讲话既与邓小平在南方谈话中对共同富裕的论述一脉相承，又在此基础上进一步提出重要特征，指出了共同富裕是中国道路区别于资本主义现代化道路之所在。我们可以这样理解，"本质要求"确定了共同富裕的理论基点，"重要特征"阐明了共同富裕的实践逻辑与历史必然。

2021 年 8 月 17 日，中央财经委员会第十次会议之后，"共同富裕"成为媒体上一个热度最高的词，在社会上引起了很多讨论。比如，有人担忧，共同富裕是不是要回到计划经济时期农业集体化运动和城市国有、集体企业那种企业办社会的"大锅饭"。还有人提出，共同富裕是不是等价于平均主义，猜测共同富裕是不是又与对互联网行业、金融业的反垄断规制有一些联系。其中，既有一些猜测，也包括种种质疑的声音。2021 年 8

---

① 《邓小平文选》第 3 卷，人民出版社 1993 年版，第 373 页。

月 26 日，中共中央宣传部发布《中国共产党的历史使命与行动价值》，并举行新闻发布会，中央财经委员会办公室分管日常工作的副主任韩文秀在会上针对共同富裕问题强调，要鼓励勤劳致富、创新致富，鼓励辛勤劳动、合法经营、敢于创业的致富带头人，允许一部分人先富起来，先富带后富、帮后富，不搞"杀富济贫"。共同富裕是全体人民的富裕，不是少数人的富裕；是人民群众物质生活和精神生活双富裕，不是仅仅物质上富裕而精神上空虚；是仍然存在一定差距的共同富裕，不是整齐划一的平均主义同等富裕。要坚持在发展中保障和改善民生，为人民提高受教育程度、增强发展能力，创造更加普惠、公平的条件，畅通社会向上流动的通道，给更多人创造致富的机会。要扎实推进基本公共服务均等化，坚持尽力而为、量力而行，防止落入"福利主义"的陷阱，"我们不能等靠要，不能养懒汉"。发布会上的这段讲话，被很多媒体报道、转载，可以说是我们理解共同富裕实质内涵的一个很好的导学材料。

我们也注意到最新的文件精神，2021 年 12 月中央经济工作会议提出了"五个正确认识和把握"，其中第一条就是"要正确认识和把握实现共同富裕的战略目标和实践途径"。会议指出，"实现共同富裕目标，首先要通过全国人民共同奋斗把'蛋糕'做大做好，然后通过合理的制度安排把'蛋糕'切好分好"。"蛋糕"做大做好是基础，切好分好是要点。会议还强调，"要在推动高质量发展中强化就业优先导向，提高经济增长的就业带动力"。明确指出要通过提高经济增长的就业带动力来创造岗位、拉动就业，从而使从业者可以逐步由低收入群体发展成为中等收入群体甚至高收入群体，最终实现共同富裕的奋斗目标。

"共同富裕"这个概念，在我们党的早期文献中就有所提及。在党史学习教育活动中，笔者注意到一篇文献，1928 年 6 月至 7 月在莫斯科近郊召开的党的六大，发布了《告全体同志书》。这里面就明确地写道，"主张平分田地、平分财产等均产主义的思想……完全不是无产阶级的意识"[①]。从中可以看出，对共同富裕，或者说共同繁荣、共同发展这样一种发展理念、一种治理思想、一种奋斗目标的理论探索，早在 1949 年我们党建立全国性无产阶级政权之前就已经开始了。可以说，追求和实现共同富裕是我们党长期以来的一种政治理念。

共同富裕这个话题关涉面很大，今天我们从中等收入群体结构规模这个点来切入。

首先，从习近平总书记系列重要讲话中理解共同富

---

① 中共中央文献研究室、中央档案馆编：《建党以来重要文献选编》第 5 册，中央文献出版社 2011 年版，第 712 —713 页。

裕的本质内涵，这是学习领悟共同富裕这个概念的理论出发点，其中尤其聚焦关于中等收入群体规模持续扩大的重要论述。

其次，讨论产业升级和中等收入群体持续扩大协同发展的背景，从技术、应用、业态到社会的角度，关注当前我们要持续扩大中等收入群体规模、实现共同富裕所面对的现实情况是什么。从经济学的角度来讲，实现共同富裕，或者不做限定的任何一种什么样的富裕，只要是实现富裕，就一定是基于产业。基于一定的经济发展水平、制度环境、技术条件，才可能实现富裕。当前，第四次产业革命正在蓬勃发展，人工智能、大数据、云计算等，这样一些具有新特征的技术进步，引领了新一轮活跃的产业升级，这对中等收入群体规模的冲击是什么样的？带来什么样的前景和期许？可以为扩大中等收入群体带来什么样的积极因素？这是我们关注的第二个问题。

再次，我们要讨论中等收入群体的测度，并且对我国中等收入群体规模未来发展趋势进行一个方向性的预测。不论作为高校研究机构所举办的学术论坛，还是作为面向 MPA 同学的一个讲座，强调学术性，展示学术界新近完成、正在努力和未来可做的研究，也是本文写作的一个目标。我们能做什么样的研究？研究能为我们的政策提供哪些建议？能为我们理解这一问题提供哪些知识？这是这一部分所关注的。

最后，基于前面几个部分的讨论，基于对新一轮产业升级和中等收入群体变化发展的前景的预判，提出应对性的政策建议。这样，由理论基点、现实情况、学理分析和战略预判四部分，形成本文的一个较为完整的讨论结构。

一、从习近平总书记系列重要讲话中学习领悟共同富裕的实质内涵

2021年8月17日，习近平总书记在中央财经委员会第十次会议上指出，共同富裕是社会主义的本质要求，是中国式现代化的重要特征。要坚持以人民为中心的发展思想，在高质量发展中促进共同富裕，正确处理效率和公平的关系，构建初次分配、再分配、三次分配协调配套的基础性制度安排，加大税收、社保、转移支付等调节力度并提高精准性，扩大中等收入群体比重，增加低收入群体收入，合理调节高收入，取缔非法收入，形成中间大、两头小的橄榄型分配结构，促进社会公平正义，促进人的全面发展，使全体人民朝着共同富裕目标扎实迈进。要提高发展的平衡性、协调性、包容

性，加快完善社会主义市场经济体制，增强区域发展的平衡性，强化行业发展的协调性，支持中小企业发展。要着力扩大中等收入群体规模，抓住重点、精准施策，推动更多低收入人群迈入中等收入行列。①

从中可以看到，对于共同富裕这样一个目标愿景、这样一个前途方向的具体理解，或者说共同富裕的具体落地。其中重要的实现标准就是扩大中等收入群体的比重，形成中间大、两头小这样一个橄榄型的收入分配结构。换言之，中等收入群体规模的持续扩大和良性发展是共同富裕的应有之义。习近平总书记强调，要提高发展的平衡性、协调性、包容性，加快完善社会主义市场经济体制，增强区域发展的平衡性，强化行业发展的协调性，支持中小企业发展。要着力扩大中等收入群体规模，抓住重点、精准施策，推动更多低收入人群迈入中等收入行列。②从1928年党的六大《告全体同志书》开始，我们党一直对社会上会存在不同的收入水平、不同的收入群体有着清晰的认识。一个社会中有高收入群体，有中等收入群体，还会有一部分低收入群体，在这

---

① 《习近平主持召开中央财经委员会第十次会议强调　在高质量发展中促进共同富裕　统筹做好重大金融风险防范化解工作》，《人民日报》2021年8月18日。
② 《习近平主持召开中央财经委员会第十次会议强调　在高质量发展中促进共同富裕　统筹做好重大金融风险防范化解工作》，《人民日报》2021年8月18日。

样的一个有差异的分配格局下，如何更好地表达、更好地实现共同富裕的愿景目标呢？习近平总书记明确地指出，推动更多低收入人群迈入中等收入行列。

　　党的十八大以来，习近平总书记对中等收入的相关论述中，最早的提法是"中等收入者比重"。2012 年 12 月 15 日，习近平总书记在中央经济工作会议上的讲话中指出，"要深化收入分配制度改革，合理调节过高收入，稳步扩大中等收入者比重，努力提高低收入者收入水平，规范收入分配秩序，逐步改善收入分配状况"①。2015 年 9 月 22 日，习近平主席在接受《华尔街日报》采访时指出，中国新型工业化、信息化、城镇化、农业现代化持续推进，居民储蓄率高，消费潜力巨大，人民工作勤奋，中等收入者比重在提高，服务业发展势头强劲，市场空间和潜力都很大，今后一个时期保持经济中高速增长有基础也有条件。② 在这两次重要讲话中，"扩大中等收入者比重"有两个方面的含义：一是经济工作的一个战略目标，二是今后一个时期保持经济中高速增长的基础条件。这两段话一段是对内讲的，一段是对外讲的。对内，习近平总书记把稳步扩大中等收入者比重

---

① 中共中央文献研究室编：《习近平关于全面建成小康社会论述摘编》，中央文献出版社 2016 年版，第 130 页。
② 《习近平接受〈华尔街日报〉采访时强调　坚持构建中美新型大国关系正确方向　促进亚太地区和世界和平稳定发展》，《人民日报》2015 年 9 月 23 日。

作为我们要完成的一个要求、要实现的一个目标；对外，中等收入比重的提高是我们发展势头良好的基础条件。一方面，中等收入者比重提高有良好的发展态势，是我们经济持续发展、保持中高速增长的良好社会收入结构基础；另一方面，这种基础同时还需要我们不断地去完善，去更好营造和维持。

针对中等收入问题，习近平总书记还多次提到了"中等收入陷阱"。党的十八大以来，习近平总书记第一次提到"中等收入陷阱"是 2013 年 11 月 2 日会见 21 世纪理事会北京会议外方代表时。习近平总书记指出，当前，中国经济稳中有进。上半年国内生产总值增长了 7.6%，第三季度达到 7.8%。我们正在转变发展方式、调整经济结构，加快推进新型工业化、信息化、城镇化和农业现代化。支撑中国经济发展的内生因素很充分。我们对中国经济保持持续健康发展抱有信心。中国不会落入所谓中等收入国家陷阱。[1]2014 年 2 月 17 日，习近平总书记在省部级主要领导干部学习贯彻十八届三中全会精神全面深化改革专题研讨班开班式上的讲话中指出："我们说坚定制度自信，不是要固步自封，而是要不断革除体制机制弊端，让我们的制度成熟而持久。我们不

---

[1] 《习近平会见 21 世纪理事会北京会议外方代表》，《人民日报》2013 年 11 月 3 日。

仅要防止落入'中等收入陷阱'，也要防止落入'西化分化陷阱'。"①两大陷阱的理论，"西化分化陷阱"着重强调的是政治稳定，"中等收入陷阱"侧重的是经济发展前景。其中的两个"防止落入"是互为依托、互为支持的，政治稳定是经济发展的保障和前提，经济发展是政治稳定的有力支持条件。

习近平总书记把防止落入"中等收入陷阱"作为在全面深化改革进程中的一个任务提出，是基于对我们国家进入新发展阶段，中国经济发展进入新常态的客观事实的研判。那么，在我国由低收入国家向中等收入国家行列迈进，经济发展方式由粗放型高增速模式转向高质量中高增速模式的背景下，怎样防止落入或者说跨越"中等收入陷阱"呢？2015 年 12 月 18 日，习近平总书记在中央经济工作会议上的讲话中指出："我国经济正从粗放向集约、从简单分工向复杂分工的高级形态演进，这是客观要求。我们不论主观上怎么想，但不能违背客观规律。……要发挥我国经济巨大潜能和强大优势，必须加快转变经济发展方式，加快调整经济结构，加快培育形成新的增长动力。通过转变经济发展方式实现持续发展、更高水平发展，是中等收入国家跨越'中

---

① 中共中央文献研究室编：《习近平关于全面深化改革论述摘编》，中央文献出版社 2014 年版，第 22 页。

等收入陷阱'必经的阶段。我多次讲，我们要注意跨越'修昔底德陷阱'、'中等收入陷阱'。前一个是政治层面的，就是要处理好同美国等大国的关系。后一个是经济层面的，就是要提高我国经济发展质量和效益。提高经济发展质量和效益，是这次五中全会突出强调的一点，针对的就是要加快转变经济发展方式、调整经济结构。"① 跨越"中等收入陷阱"的出路就在于转方式、调结构。

在党的十九大报告中，"中等收入群体"提到了三次，即"人民生活不断改善。深入贯彻以人民为中心的发展思想……城乡居民收入增速超过经济增速，中等收入群体持续扩大"，"到那时，我国经济实力、科技实力将大幅跃升，跻身创新型国家前列……人民生活更为宽裕，中等收入群体比例明显提高，城乡区域发展差距和居民生活水平差距显著缩小，基本公共服务均等化基本实现，全体人民共同富裕迈出坚实步伐"，"鼓励勤劳守法致富，扩大中等收入群体，增加低收入者收入，调节过高收入，取缔非法收入"。② 第一段是讲过去五年取得的成绩中，中等收入群体持续扩大是一个很重要的

① 中共中央文献研究室编：《习近平关于全面建成小康社会论述摘编》，中央文献出版社 2016 年版，第 48—49 页。
② 习近平：《决胜全面建成小康社会 夺取新时代中国特色社会主义伟大胜利——在中国共产党第十九次全国代表大会上的报告》，《人民日报》2017 年 10 月 28 日。

亮点。第二段在对 2035 年基本实现社会主义现代化的描绘中，强调了中等收入群体比例明显提高。第三段基于前面的成就、基于目前形势的研判，以 21 世纪中叶建成社会主义现代化强国的奋斗目标为着眼点，提出了实现中等收入群体比例明显提高的现实路径，也就是"鼓励勤劳守法致富，扩大中等收入群体，增加低收入者收入，调节过高收入，取缔非法收入"。

习近平总书记多次强调持续扩大中等收入群体规模对转型升级的意义。2018 年 11 月 1 日，习近平总书记在民营企业家座谈会上的讲话中指出："面对困难挑战，我们要看到有利条件，增强对我国经济发展的必胜信心。一是我国拥有巨大的发展韧性、潜力和回旋余地，我国有 13 亿多人口的内需市场，正处于新型工业化、信息化、城镇化、农业现代化同步发展阶段，中等收入群体扩大孕育着大量消费升级需求，城乡区域发展不平衡蕴藏着可观发展空间。"[1] 中等收入群体的扩大孕育着大量的消费升级需求，消费升级的需求倒逼刺激民营企业、整个非国有经济部门更创新、更低成本、更高效率地为消费者提供高质量的产品和服务。中等收入群体是拉动发展的动力源泉之一。

2019 年 11 月 5 日，习近平主席在第二届中国国

---

[1]　习近平：《在民营企业座谈会上的讲话》，《人民日报》2018 年 11 月 2 日。

际进口博览会开幕式上的主旨演讲中指出："中国有近
14 亿人口，中等收入群体规模全球最大，市场规模巨
大、潜力巨大，前景不可限量……中国将增强国内消费
对经济发展的基础性作用，积极建设更加活跃的国内市
场，为中国经济发展提供支撑，为世界经济增长扩大空
间。"[①] 中等收入群体规模全球最大，市场规模巨大，内
需潜力巨大，前景不可限量。在这样一个向世界介绍中
国、让世界来认识中国的场合，习近平总书记再次强调
了中国的中等收入群体规模为中国发展、世界经济增长
带来的机遇和意义。

2020 年 8 月 24 日，习近平总书记在经济社会领域
专家座谈会上的讲话中指出："国内发展环境也经历着
深刻变化。我国已进入高质量发展阶段，社会主要矛盾
已经转化为人民日益增长的美好生活需要和不平衡不充
分的发展之间的矛盾，人均国内生产总值达到 1 万美
元，城镇化率超过 60%，中等收入群体超过 4 亿人，人
民对美好生活的要求不断提高。"[②]

2021 年 2 月 9 日，习近平主席在中国—中东欧国家
领导人峰会上的主旨讲话中指出："今年起，中国开始

---

① 习近平：《开放合作 命运与共——在第二届中国国际进口博览会开幕式
上的主旨演讲》，《人民日报》2019 年 11 月 6 日。
② 习近平：《在经济社会领域专家座谈会上的讲话》，《人民日报》2020
年 8 月 25 日。

实施经济社会发展第十四个五年规划、开启全面建设社会主义现代化国家新征程。进入新发展阶段，中国将加快构建以国内大循环为主体、国内国际双循环相互促进的新发展格局。中国 14 亿人口、4 亿以上中等收入群体构成的超大规模市场和内需潜力将充分释放，为世界创造更多需求、带来更多机遇。"①

到这里进行一个简单的总结，作为学习习近平总书记关于实现共同富裕、扩大中等收入群体系列重要讲话的一个理解角度。第一，扩大中等收入群体是社会主义现代化国家的应有之义，这是党的十九大报告明确指出的；第二，扩大中等收入群体是转方式、调结构的必然要求，习近平总书记在中财委的第十三次会议上阐述得也非常清楚；第三，扩大中等收入群体是经济高质量发展的内在优势，无论是对内还是对外，习近平总书记反复强调中等收入群体规模对我国实现经济高质量发展的重要意义。

那么，对最后一点进行思考和延伸，反过来，产业升级转型对中等收入群体规模扩大的意义又在哪里呢？二者之间的交互逻辑又是什么呢？从前面对习近平总书记系列重要讲话的回顾和学习中，可以总结出两点：第

①　习近平：《凝心聚力，继往开来 携手共谱合作新篇章——在中国—中东欧国家领导人峰会上的主旨讲话》，《人民日报》2021 年 2 月 10 日。

一，产业升级转型是持续扩大中等收入群体规模的动力基础，有高效的、高质量的经济增长才能支撑中等收入群体规模的扩大，才有就业、才有收入，才能形成消费的动力。第二，产业升级转型还是跨越"中等收入陷阱"的必经之路，我们经过长期的奋斗，从低收入国家迈进中等收入国家行列，中等收入国家不是我们的最终目标，全面建成社会主义现代化强国的总目标要求我们必须跨越"中等收入陷阱"。

二、新一轮产业升级：实现共同富裕的现实背景

我们从习近平总书记关于实现共同富裕、扩大中等收入群体的系列重要讲话出发，对共同富裕的实质内涵、扩大中等收入群体在实现共同富裕中的意义进行了学习。现在正逢第四次工业革命，新的科技创新必然引发新的产业变革，带来从生产技术到行业生态的全方位改变。在以人工智能、云计算、大数据等为代表的新技术快速发展、投入应用的现实背景下，要理解新一轮产业升级对持续扩大中等收入群体规模、实现共同富裕到底是机遇还是挑战。进一步说，机遇表现在哪些方面，而挑战又表现在哪个方面，这是一个需要讨论的问题。

持续扩大中等收入群体是实现共同富裕、全面建成社会主义现代化国家的一个基础条件。从党的十九大报告中可以看出，到 2035 年基本实现社会主义现代化的标志之一，就是实现人民生活更宽裕，中等收入群体比例明显提高，城乡区域发展差距和居民生活水平差距显著缩小，公共服务均等化基本实现，向全体人民共同富裕迈出坚实的步伐。扩大中等收入群体被纳入党代会报告中和实现社会主义现代化的远景和目标里面，这是一个清晰的奋斗目标或者说工作任务。在党的十九大召开的前一年，2016 年 5 月 16 日，习近平总书记在中央财经领导小组第十三次会议上指出，扩大中等收入群体，关系全面建成小康社会目标的实现，是转方式调结构的必然要求，是维护社会和谐稳定、国家长治久安的必然要求。[①] 我们围绕着扩大中等收入群体的这两点基本属性、"两个必然要求"来展开讨论：第一，是转方式、调结构的必然要求；第二，是维护社会和谐稳定、国家长治久安的必然要求。

为什么说扩大中等收入群体是转方式、调结构的一个必然要求呢？可以从以下几点来说。

第一，中等收入群体其实是一个创新者的摇篮。为

[①] 《习近平主持召开中央财经领导小组第十三次会议强调　坚定不移推进供给侧结构性改革　在发展中不断扩大中等收入群体》，《人民日报》2016 年 5 月 17 日。

什么这么讲？中等收入群体是人力资本投资意愿最强的
一个群体。中等收入群体的收入来源，主要是其所掌握
的人力资本产生的边际收益。简单来说，这是一个靠教
育、知识、技能吃饭，获得了不错的收入，可以过上比
较体面的生活的人群，人力资本是这个群体吃饭的本
钱。保证这样的生活有所延续，靠什么？靠人力资本的
积累与代际传承，靠知识和技能，靠教育。低收入群体
为生计奔波，每天要关注的是基本的生存问题，无暇顾
及其他，没有能力也没有足够的精力投入自身以及子女
的教育上，特别是很难实现创新型人才所需要的高水平
的前沿教育。没有良好的知识与技能教育，如何创新？
生活在基本生存的压力下，哪有精力去关注、识别创新
发生的传统边界？高收入群体的收入来源主要是资产性
收入，最关注的是资产配置，现有的资产怎么能持续地
保值增值。随着我国金融市场的不断发展和完善，实现
资产保值增值可以借助的专业金融服务种类越来越多、
获取方式越来越方便、收益和保障越来越可靠，人力资
本积累对维持高净值、高收入并不是一个那么必不可少
的条件。这里当然不是说高收入群体不注重教育，我们
在新闻中经常看到"双减"背景下，高收入群体为子女
高薪聘请带有专业辅导性质的高学历家政人员，而是
说，从维持现有生活、追求更好生活的需求来看，相比

中等收入群体，知识和技能的积累对高收入群体没有那么重要。一些实证研究也表明，中等收入群体的教育支出在家庭总支出中的占比是最高的。中等收入群体获得了良好的教育，有了较高水平的人力资本积累，那么想要过得更好，想要向高收入群体迈进，靠什么？自然而然地，靠创新。总而言之，中等收入群体是一个创新者的摇篮，是因为中等收入群体有知识和技能，也就是有创新的基础条件，同时还有进一步提高收入、过上更好生活的需求，也就是有创新的意愿动机。

第二，中等收入群体是居民储蓄的重要来源。这一点很容易理解，从居民储蓄的来源来看，低收入群体的收入都要用于日常的生活开支，没钱储蓄，也就是所谓的"月光"。再考虑到借贷的情况，可能还有一部分低收入群体不但没钱进行储蓄，而且还处于负债的状态。高收入群体呢？他们的收入结余虽然多，但同时对于高收入群体来说，储蓄的替代性选择很多，如股权、期权、信托以及海外投资等，国内外金融市场为高收入群体提供了各种各样的结余资金流向。同时，相比储蓄而言，这些金融产品的预期收益更高，高收入群体通常不会把很大一部分资产用于现金储蓄。中等收入群体有可观的储蓄能力，人口基数又大，股权、期权、信托以及海外投资等金融产品和服务通常设置了较高的准入门槛，中等收入群体不容易达到，因此储蓄是中等收入群体结余资金的一个主要流向。居民储蓄、政府储蓄和企业储蓄构成了国民储蓄的三大来源。我国的企业融资在金融市场上主要是通过银行融资的方式，假设一段时期内银行准备金政策固定，那么居民储蓄越多，商业银行能向企业发放的贷款就越多，企业融资也就越容易。中等收入群体是居民储蓄的重要来源，通过商业银行这个渠道，中等收入群体也成为良好融资环境的重要支撑，有着很强大的金融功能。

第三，中等收入群体是国内大循环中内需的关键拉动力。这一点在前面已作了一些讨论，习近平总书记有非常清晰的论述，这部分就不再重复展开了。这里只强调一点，每一个收入群体都有一定的消费需求，那为什么特别强调中等收入群体对内需的拉动作用呢？这个逻辑和居民储蓄是一样的。低收入群体的消费能力有限，所创造的对内需求就是基本生活需求，这部分不会创造太大的经济效益。而高收入群体的消费需求，就不一定面向国内市场了，在全球范围都有消费，而且群体规模又小，所以对内需的拉动力不见得很大。因此，中等收入群体是拉动内需最重要的一个力量。

另外，扩大中等收入群体是维护社会和谐稳定、国家长治久安的必然要求。为什么这么讲？要怎么理解扩大中等收入群体的第二个"必然要求"的意义？有以下两个考虑的角度。

第一，扩大中等收入群体规模是社会公平的体现。社会公平，既体现在一个社会里资产静态的分布情况上，也体现在收入水平动态的差异化分布上。较大的中等收入群体规模，中间大、两头小的橄榄型收入分配结构，就是社会公平在收入上的体现，是社会公平的一个应有的体现。当然，我们都知道社会平等和社会公平很多时候是有差异的两个概念，不是完全一一对应的，法学家、经济学家和社会学家们，包括学术界以外的社会各界都对平等与公平给出了很多界定、描述，这不是本节讨论的要点，也不作展开。但是我们可以很明确地也简明地讲，一个社会的收入分配比较平等，既是这个社会公平的一种体现，也是维护社会公平的良好的基础条件。

第二，扩大中等收入群体规模是防范化解重大风险的保障。其中，第一点就是扩大中等收入群体规模有利于维护政治稳定。政治学和社会学的研究发现，合理的收入结构、较大的中等收入群体规模，能够减少政治冲突，特别是避免严重社会动荡的出现。从最近十余年来其他国家所发生的一些严重的社会动荡来看，比如突尼斯的"茉莉花革命"、美国的占领国会山事件，其中当然有一系列的外部因素和偶然因素，但不可否认的是，这些社会动荡的最直接、最积极、最主要的参与者是低收入者，而造成这些动荡的根本原因正是民众对社会不公所产生的严重的不满情绪。第二点是扩大中等收入群体规模，有助于发展老百姓自己防范重大风险的能力。这对政府防范化解重大风险的政策行为和政治能力是一个非常有效的补充。举例来说，在 2020 年新冠疫情冲击下，党中央提出了"六稳"（稳就业、稳金融、稳外贸、稳外资、稳投资、稳预期）和"六保"（保居民就业、保基本民生、保市场主体、保粮食能源安全、保产业链供应链稳定、保基层运转），其中保基本民生，需要政府资金政策保的主要是低收入群体。中等收入群体规模扩大了，居民有一定的储蓄、一定的抗风险能力，面对突如其来的外生冲击，自己对自己的生活就有一定的保障能力，不需要国家来全部兜底。这种每家每户每个人的自我保障能力，加总到全社会，作用是非常大的，就成为一个国家整体防范化解重大风险能力的很重要的组成部分。

以上讨论了扩大中等收入群体、实现共同富裕的理论出发点和现实背景，下面笔者把关注点转移到产业升级，这是扩大中等收入群体的生产力基础。扩大中等收入群体，要通过将低收入就业人口通过培训和就业服务引导转变为中等收入者，其中的关键在于收入水平的提高。那么，收入的基础是什么？是就业岗位。就业岗位的基础是什么？是产业。就业岗位如何能给劳动者提供更高的薪酬水平，这样的就业岗位如何越来越多呢？这就要依靠产业的升级来实现。产业升级是一个相对比较复杂的概念，因为它涉及技术、管理、产品、产业链条等，可以说产业的方方面面都影响产业升级的进程，也都蕴含着产业升级的发展潜力。但是，产业升级虽然关涉的方面很多，但其中的核心是生产产品和服务效率的提升。一言以蔽之，产业升级就是说一个地区的产业在产业链和价值链上的地位有所提升。专业化、整合度水平更高，生产效率更高，产品和服务的市场竞争力更强，产业中大量就业岗位上劳动者所能创造的边际产值更高。随之在这些经过升级的产业链条上的就业岗位，也就可以为劳动者提供更高水平的薪酬收入，从而有利于扩大中等收入群体规模。在此，我们强调新一轮产业升级，是聚焦于第四次工业革命对技术、管理、业态的革新，主要强调的是以人工智能、大数据、云计算和工业互联网等为代表的新的科技领域，对经济发展赋能提效的作用。

对第四次工业革命浪潮中新技术的应用前景与战略研判，党的十九大报告就有很明确的论述："加快建设制造强国，加快发展先进制造业，推动互联网、大数据、人工智能和实体经济深度融合……培育新增长点、形成新动能。支持传统产业优化升级……促进我国产业迈向全球价值链中高端，培育若干世界级先进制造业集群。"①2021年1月11日，习近平总书记在省部级主要领导干部学习贯彻党的十九届五中全会精神专题研讨班开班式上的讲话中指出，必须坚持深化供给侧结构性改革这条主线，继续完成"三去一降一补"的重要任务，全面优化升级产业结构，提升创新能力、竞争力和综合实力，增强供给体系的韧性，形成更高效率和更高质量的投入产出关系，实现经济在高水平上的动态平衡。构建新发展格局最本质的特征是实现高水平的自立自强，必须更强调自主创新，全面加强对科技创新的部署，集合优势资源，有力有序推进创新攻关的"揭榜挂帅"体制机制，加强创新链和产业链对接。要建立起扩大内需的有效制度，释放内需潜力，加快培育完整内需体系，加强需求侧管理，扩大居民消费，提升消费层次，使建设超大规模的国内市场成为一个可持续的历史过程。构建新发展格局，实行高水平对外开放，必须具备强大的国内经济循环体系和稳固的基本盘。要塑造我国参与国际

---

① 习近平：《决胜全面建成小康社会 夺取新时代中国特色社会主义伟大胜利——在中国共产党第十九次全国代表大会上的报告》，《人民日报》2017年10月28日。

合作和竞争新优势，重视以国际循环提升国内大循环效率和水平，改善我国生产要素质量和配置水平，推动我国产业转型升级。[①] 习近平总书记系列重要讲话强调了科技创新最活跃的边际领域和我国实体经济的深度融合，强调了创新链和产业链的对接。这里一端是科学技术日新月异的进步，另一端是我国庞大的实体经济产业基础，能否借助第四次工业革命的"东风"，把科技进步的经济效能有效释放出来，形成产业升级的拉动力，形成我国产业在全球市场上的竞争力，进而形成持续扩大中等收入群体规模、实现共同富裕的推进力，关键就在于"融合""对接"。最近也有实证研究说明，企业创新能力和它的产业升级是高度相关的，这两个一对接，就能够实现产业升级。

在这里，我们简单回顾一下历史上的三次工业革命和产业升级之间的关系。我们知道第一次和第二次工业革命，主要是动能的释放，通过新的动能来源来实现产业升级。比如，化石燃料的化学能在锅炉里转化为热能，热能通过蒸汽机的机械运动转化为动能，经过动力传导带动蒸汽火车，实现交通运输方式的革命。再比

---

① 《习近平在省部级主要领导干部学习贯彻党的十九届五中全会精神专题研讨班开班式上发表重要讲话强调　深入学习坚决贯彻党的十九届五中全会精神　确保全面建设社会主义现代化国家开好局》，《人民日报》2021 年 1 月 12 日。

如，化石燃料的化学能在热电厂转化为热能，再转化为发电机叶片旋转的动能，再通过磁感线圈转化为电能，通过高压交流、直流的形式传输到千家万户，人类进入电气时代。重点都是在于为经济生产找到了新的可资利用的能量源，代替了前工业时代的人力、畜力以及简单的水力、风力等，前工业时代荷兰人利用风力，建了很多风车，利用风来带动磨盘，经营磨坊。第三次工业革命就是计算机、互联网、现代电子通信技术的飞跃，打破了信息交互的传统物理空间的边界，实现了更好的全球分工，重点在于信息获取、存储、传递和利用的形式和效率的根本变化。比如，互联网商务，每个电商店铺和每个消费者通过网络实现信息互联，各自足不出户，对商铺店主来说相当于他在全世界每个能接入互联网的城市、街道、村镇都开了一个分店，对消费者来说相当于坐上了一辆超级购物大巴，在短短的时间内就能把全世界的店铺逛个遍。如果说第一、第二次工业革命所实现的产业升级是赋能了劳动者的体力，或者说是强化了劳动者的手脚，第三次工业革命所实现的产业升级是赋能了劳动者的信息能力，或者说是强化了劳动者的眼耳口，那么，第四次工业革命是依靠人工智能、大数据、云计算、工业互联网，赋能了劳动者的运算力、分析力、判断力和决策力，强化的是劳动者的大脑。我们说赋能也好、强化也好，或者说武装也好、延伸也好，第四次工业革命的应用前景重要就重要在对经济生产过程中人的脑力价值的发展。这是第四次工业革命带动下新一轮产业升级的一个基本背景。

下面我们简要地梳理一下当前学术界对扩大中等收入群体规模和新一轮产业升级大背景的研究，介绍一下学术界有代表性的工作。关于扩大中等收入群体有不少研究，对产业升级也有不少研究，但是很少有人把它们放在一起研究。经过前面的讨论，笔者认为必须将这两点联通起来理解，它们之间是交互往复的、互相影响的，产业升级支撑中等收入群体扩大，支撑共同富裕，而较大的中等收入群体规模反过来通过创新、居民储蓄、内需以及更稳定和谐的社会环境，来进一步促进产业升级的发展。

在中等收入群体这一方面，在作任何实证研究之前，第一个难点已经摆出来了，这个难点是什么呢？就是我们到底如何定义中等收入群体，它到底是一个绝对的水平，还是一个相对的水平。比如，社会学家通常讲社会结构的重要性，所以他们很多的测量、定义，主要是强调一个人在这个社会中的相对地位，是不是在一个中间阶层。经济学家可能更关注收入的绝对数值，就是你的收入高于某一个绝对数值才会成为中等收入群体，因为这代表着你的购买力。还有，获得收入有很多不同的途径，是工资收入，还是其他的收入，因为这些来源也会影响人的行为，从而影响一个人是不是属于中等收入群体这样的一个人群概念。所以，到底怎么区分它，会影响最后的结论。另一个问题就是政策环境和时代标准的不一样。比如，我们想研究产业升级对中等收入群体的影响，如果看稍微长一点的时间，之后的定义跟现在的定义可能也不太一样。在具体的定义和测度方面，现有的文献基本上可以看到，大概有三类的测度，都是讲绝对水平的测度，这个地方叫绝对水平测量，而相对水平的测量有另外的一些东西。第一，均值标准。我们怎么测量呢？比如，我们找到中国所有城市居民收入的一个平均值，然后将这个平均值再乘 2.5 倍，收入在均值和 2.5 倍之间的，把它定义为中等收入群体。第二，分位数标准。通常应用中位数的标准。也就是 50% 的分位数，找到一个居民收入的中位数，中位数的 50% 到 125% 之间的，定义成中等收入群体。第三，贫困线标准。这个其实是相对广义的一个中等收入群体的测度方式，之前世界银行定义了一个绝对贫困线，这个贫困线之上都叫广义的中等收入群体。后来说不能没有上限，应该有一个上限，没有上限的测度方式还包括了高收入群体，甚至大富豪都放进来讨论了，现在世界银行把这个标准修正为成年人日收入在 10 美元到 100 美元之间，符合这样一个标准的群体被称为"中等收入群体"。不同的定义和测度方式各有侧重，也各有利弊。

关于新一轮产业升级的研究，纯理工科角度的科学技术的研究不是本文的关注点，对新一轮产业升级所产生的经济与社会影响也有不少类型的研究，侧重点也不一样。一些智库、咨询机构，可能单纯地从技术角度看它的应用前景，比如，涉及的行业范围、规模、人群、全球商业合作网络的变化。社会学研究者和政府部门可能更关注它对于这个社会的影响，比如，对就业、收入结构、教育、民生等方面的影响。基于这些研究我们可以简单地做一下梳理，就是短期之内，技术进步对就业和收入的影响可以简单地分成两方面。一部分是拉动效应，为什么？因为技术进步了，很多新的岗位出现，新岗位有更高的生产效率，能有更高的薪酬，这样就产生了对扩大中等收入群体规模的拉动效应。另一部分是替代效应，技术进步了，有了机器人，有一部分人的工作就被替代了。最后的净效益基本是以上两个的差，而怎么把拉动作用发挥到最大，把替代作用可能产生的社会风险或者说阵痛降到最小，就是我们最为关心的问题，最终目标是把这个净效益最大化。对替代效应，美国斯坦福大学李宏彬教授的团队就用中国的企业和劳动力匹配数据发现，在有些企业里面非常依赖劳动力的、简单的流水线操作这些工作更有可能会被机器人替代，而其他的相对比较抽象一些的工作不会被替代。对拉动效应，产业升级让经济更活跃、更有质量，不但产生新职业进而产生新岗位，还会在传统职业门类中产生新岗位。比如，人工智能的繁荣，提供了大量程序员岗位，也就是我们俗称的"码农"的中等收入岗位，甚至很多时候是高收入的岗位。同时，程序员工作繁忙又有支付能力，需要更高质量的家政服务，如此又创造了家政服务的新岗位需求。

三、新一轮产业升级背景下中等收入群体规模发展前景的预测

在本节主要介绍新一轮产业升级背景下，中等收入群体规模发展前景的预测方法与基本发现，对数据处理的技术细节不作展开。

先讲新一轮产业升级背景下的中等收入群体，顾名思义，从题目中我们可以看到这个研究有两个要素：第一个要素是新一轮产业升级的背景。也就是说，我们关于中等收入群体的讨论不是简单地就收入分配问题本身展开讨论，而是要与新一轮产业升级的背景相结合；第

二个要素是我们对中等收入群体的未来总体规模要有一个量化的评估和预测，估测要有扎实的学理依据支撑，这样对于未来的形势研判和政策工具准备才能有更好的导向作用。

总体来说，研究涵盖五个方面的情况，给大家做一下介绍。第一，研究的关切点。即新一轮产业升级和中等收入群体两个核心点。第二，研究的切口。在新一轮产业升级中，我们主要关注两个方面：一方面是以人工智能为代表的新的技术在改造人类的分析决策行为方面的应用；另一方面是以工业机器人为代表的智能化和自动化技术对于生产作业流程的改造。从这两个角度出发探究新一轮产业升级的影响。第三，研究的视角。除了影响总量，我们特别强调结构化的发展前景预判，也就是在不同的人群、地域、行业等层面，新一轮产业升级对中等收入群体规模的影响有一种怎样的结构化差异。第四，研究的目标。对新一轮产业升级背景下中等收入群体规模的发展趋势有一个总体刻画，同时能够识别哪些领域会受到更大的冲击，并在对形势研判基础上形成服务于我国政策设计的建议。第五，研究数据的来源。一是咨询机构发表的相关报告，这个方面很多咨询机构的实证分析是走在学术界之前的，比如以麦肯锡、普华永道为代表的咨询、行研和审计机构等，都在这方面做了很多工作。二是基于各种学术会议和论文集中整理的待刊成果。三是基于中国雇主—雇员匹配数据追踪调查（CES）、中国家庭追踪调查（CFPS）等一系列相关数据，与人口普查数据等官方统计数据做了一个结合，进行实证分析。

研究的框架总体是这样的：首先探究产业结构升级里面的两个因素，分别是人工智能和机器人自动化生产所带来的产业升级方面的影响。在此之外，还要考虑两方面既有因素的作用。一方面，我国经济本身有一个传统的增长结构和固有的增长趋势；另一方面，我国的人口结构本身正在经历一个比较大的调整和变化，将这些要素协同起来进行讨论，可决定我国总体的经济发展，也就是国内生产总值（GDP），或者用总的经济增加值（GVA）来度量，然后基于这些经济总体发展情况，可以得到的是产业升级对于中等收入群体的规模与分布特征会产生怎样的影响。

在讨论产业升级的时候，这里有一组概念给大家作一下区分，这也是现在的经济学研究里有很多文章没有说得那么清楚的地方，所谓的智能化、人工智能等概念在经济学中到底有什么样的含义？其实，总体来说，它的作用要分成两个方面。

第一个方面指的是利用机器学习、人工智能之类的算法的技术对人的行为和决策进行辅助，也就是通常我们所说的"智能化"。举个例子，本来有很多判断需要人工去判断。经过人工智能的发展之后，这些原本应该由人所作的判断可以由机器来替代完成，或者机器可以在这个过程中起到极大的辅助作用。比如说，在医学领域中的影像医疗的诊断。这是智能化的经济影响的第一个维度，它提高了人的分析决策的效率和准确性。

第二个方面是从对生产操作改造的这个角度来说。所谓"自动化"，指的是在生产作业的流程里，原本由人工来完成的一些生产步骤可以全都由机器来完成。比如说，大家可能看过很多，工厂完全没有人工操作，而是由机械手臂完成这样的宣传片，这在经济学论文里一般称为"自动化"。那么，目前我们所谓的关于产业升级的调整，有的时候分析不够明确，笔者在这项研究当中对"智能化"和"自动化"作了区分。二者对于中等收入群体规模和经济增长的影响是有很明显的异质性的。

研究的思路由以下步骤展开：第一，基于普华永道和我们研究团队进行的一个测算，初步估计了人工智能在各个行业所贡献的总产值的增加，2020—2035年人工智能技术对中国经济增长速度的贡献将达到年均1.62%的水平。第二，基于对现有的很多还没在期刊发表的研究成果，我们分别估算了"智能化"和"自动化"对就业岗位的替代情况。其中，受"智能化"冲击最大的是制造业和服务业，具体表现就是中低等知识的应用被人工智能所替代，如金融服务业中的销售，原来买保险要和保险公司的销售经理聊，他推荐给我适合自身情况的保险产品，现在这种比较简单的信息处理、方案设计工作可以由人工智能来完成。受"自动化"冲击最明显的就是制造业，最大的影响源自工业机器人的大规模使用，特别是在工业互联网技术支持下的工业机器人。第三，要把传统经济增长的因素考虑进去。因为，就算没有新一轮产业升级，中国经济也会有一个基本的增长，这种增长带来的新的中等收入岗位的增加，是一个基数。第四，我们还要考虑人口结构对经济的影响。这里面有两个层面的问题，基础是人口自然增长率，之后还要考虑人口素质的发展趋势。改革开放 40 多年来，或者从更长的历史视野来看，新中国成立 70 多年来，我国居民的受教育程度一直是持续上升的。

通过上面四部分研究，我们可以获得两组数据：第一组数据体现了传统经济增长、人口自然增长、人口素质提升、以人工智能为代表的新一轮产业升级这些因素对 GDP 的一个总体作用。估计出来这个对 GDP 的总的发展影响，按我国历史数据和发达国家的历史数据，可以构建起"经济增长－中等收入群体规模扩大"的数量相关关系。基于这个测算可以得知，到 2035 年，我国因为经济增长产生了多少新的中等收入者。第二组数据是有关"智能化"和"自动化"替代的中等收入岗位。这个数据前面已比较详细地介绍了，在此不再重复。第一个数据减去第二个数据，就是考虑了"智能化"和"自动化"带来的替代效应之后，以及产业升级助力经济增长总的拉动效应相抵之后中等收入群体规模的净值。

这里要介绍一个概念，就是中等收入岗位就业对 GDP 的弹性作用。它的含义是当 GDP 增长的时候就业怎么随之变动，不同的机构对这个有不同的解读。比如，弹性是 1，意味着 GDP 增长 1 个百分点，中等收入岗位就业也就同样增长 1%。我们对不同的弹性假设情况都进行了考虑，普华永道和学术界一些研究把这个弹性假设为 1，这是一种高弹性的状况。从 2000 年到 2013 年国家统计局的历史数据来看，这个弹性是 0.44，但是考虑到我国对就业岗位的统计口径不包含一些岗位，如无专业中介的家政服务，经常会遗漏非正式合同关系的一些岗位，如劳务关系的农民工等，基于国家统计局的历史数据算出来的这个值肯定是低估的。取这两个值的平均值，以一个中等弹性情况下的估计为例，我国的中等收入岗位将会发生一个"先减少、后增加"的过程。预计到 2025 年,"替代效应"凸显,中等收入岗位将净减少 1700 万个;到 2030 年,"拉动效应"的红利逐步显现,中等收入岗位将净增加 950 万个;到 2035 年,"拉动效应"的红利进一步突出,中等收入岗位将净增加 6300 万个。在这里,对中等收入岗位以及其所对应产生的中等收入群体的定义是参照世界银行的绝对值标准,就是以日收入 10 — 100 美元作为中等收入群体的标准。因为,如果采用相对标准,如收入水平在 25% — 75%,这种情况下,再测算就没有意义了,就看不出变动了,因为它永远是总人口的 50% 的这样一个结构比例。

这个测算结果的主要发现或者核心判断是什么?第一,在我国经济不断增长的过程中,中等收入群体的规模会迎来一个快速增长的阶段,前景乐观,这是毋庸置疑的。第二,这个乐观的前景所实现的过程不是一帆风顺的,新一轮产业升级会有一个阵痛期,如果不能做好充分的政策准备,不能有效引导产业结构、就业人口劳动素质的转型,较短时间内有出现局部"失业潮"的风险。在这个过程中,虽然产业升级可能带来一定的就业冲击,但它本身的基本面还是对就业有创造作用的,所以总体来说,大规模的"失业潮"不会出现。新一轮产业升级对中等收入群体的扩大并不会造成实质性的挑战，而且会产生很重要的积极推动作用。

中国式现代化视域中的国家治理现代化

刘舒杨

北京大学习近平新时代中国特色社会主义思想研究院研究员，研究方向为国家治理理论、中国治理现代化。

党的二十大报告指出："从现在起，中国共产党的中心任务就是团结带领全国各族人民全面建成社会主义现代化强国、实现第二个百年奋斗目标，以中国式现代化全面推进中华民族伟大复兴。"① 中国式现代化，"不是简单延续我国历史文化的母版，不是简单套用马克思主义经典作家设想的模板，不是其他国家社会主义实践的再版，也不是国外现代化发展的翻版"②。中国式现代化是立足中国国情、传承中华文化、总结中国经验的新型现代化发展道路，是新的现代化发展模式，生发于中国探索现代化发展道路的历史进程，聚焦于中国现代化实践中的困境与难题，具有独特的理论逻辑与实践方

---

① 习近平：《高举中国特色社会主义伟大旗帜　为全面建设社会主义现代化国家而团结奋斗——在中国共产党第二十次全国代表大会上的报告》，《人民日报》2022 年 10 月 26 日。
② 《中共中央关于党的百年奋斗重大成就和历史经验的决议》，《人民日报》2021 年 11 月 17 日。

略；同时，为世界其他国家，尤其是广大发展中国家探索符合自身情况的现代化之路，提供了中国智慧与中国经验。

习近平总书记强调，"我国现代化是人口规模巨大的现代化，是全体人民共同富裕的现代化，是物质文明和精神文明相协调的现代化，是人与自然和谐共生的现代化，是走和平发展道路的现代化"[①]。作为中国式现代化的重要组成部分，中国国家治理现代化形成于中国式现代化的历史进程，保障了中国式现代化的发展成熟，创造了社会主义政治文明新亮点，并在此过程中生发出独特的内涵、特征和逻辑。

一、现代化与中国式现代化

现代化（modernization），究其本质而言，是指由传统社会向现代社会转变的历史过程，即人类社会由自然经济发展为市场经济，由农业文明发展为工业文明，由农业社会转变为工业社会的历史进程。

例如，在现代化理论的开山之作《传统社会的消

---

① 习近平：《把握新发展阶段，贯彻新发展理念，构建新发展格局》，《求是》2021 年第 9 期。

逝：中东现代化》一书中，美国学者丹尼尔·勒纳
（Daniel Lerner）指出，所谓现代化就是从传统社会向现
代社会的转变。[①]吉尔伯特·罗兹曼（Gilbert Rozman）认
为，"所谓走向现代化，指的是从一个以农业为基础的
人均收入很低的社会，走向着重利用科学和技术的都市
化和工业化社会的这样一种巨大转变"[②]。罗荣渠教授在
《现代化新论：世界与中国的现代化进程》一书中也指
出，"从历史的角度来透视，广义而言，现代化作为一
个世界性的历史过程，是指人类社会从工业革命以来所
经历的一场急剧变革，这一变革以工业化为推动力，导
致传统的农业社会向现代工业社会的全球性的大转变过
程，它使工业主义渗透到经济、政治、文化、思想各个
领域，引起深刻的相应变化"[③]。

可以说，现代化是社会发展的必然阶段，现代化所
描述的也是自工业革命以来，人类社会在高速发展的社
会生产力的推动下，由信息封闭转向信息传播、由独一
保守转向多元开放、由习俗惯例转向制度规范、由专制
转向民主、由人治转向法治、由蒙昧转向科学的发展趋

---

①   Daniel Lerner. *The Passing of Traditional Society: Modernizing the Middle East*. Macmillan Pub Co, 1958.

②   ［美］吉尔伯特·罗兹曼主编：《中国的现代化》，国家社会科学基金
"比较现代化"课题组译，江苏人民出版社 2010 年版，第 1 页。

③   罗荣渠：《现代化新论：世界与中国的现代化进程》，商务印书馆 2004
年版，第 17 页。

势与发展进程。

因此，现代化过程往往具有以下特征。

第一，系统性。作为一个历史进程，现代化不是单一领域或单一因素的变革，而是经济、政治、文化、思想等各个领域的全面发展。勒纳将社会的现代性描述为一个有机的整体，"城市化、工业化、世俗化、民主化、普及教育和新闻参与等，作为现代化进程的主要层面，它们的出现绝非是任意而互不相关的"①。塞缪尔·亨廷顿（Samuel P. Huntington）也指出："现代化是一个多层面的进程，它涉及人类思想和行为所有领域里的变革。"②同时，现代化的诸多因素之间往往相互影响，携手并进，难以单独实现。例如，"从人口统计学角度来看，现代化意味着生活方式的改变、健康水平和平均寿命的明显提高、职业性和地域性流动的增长，以及个人升降沉浮速度的加快，特别是和农村相比，城市人口的迅猛增长"③。

第二，全球性。作为一个历史进程，现代化是一个普遍的社会现象。伴随着工业革命，现代化最早出现在

---

① 转引自［美］塞缪尔·P. 亨廷顿：《变化社会中的政治秩序》，王冠华等译，上海人民出版社2008年版，第25页。
② ［美］塞缪尔·P. 亨廷顿：《变化社会中的政治秩序》，王冠华等译，上海人民出版社2008年版，第25页。
③ ［美］塞缪尔·P. 亨廷顿：《变化社会中的政治秩序》，王冠华等译，上海人民出版社2008年版，第26页。

欧洲，随后兴盛于美国，再扩展到东亚和世界上的其他地方。第二次世界大战以后，现代化的影响已经遍布全球，现代化已成为一种潮流，实现国家的现代化成为世界上很多国家，尤其是广大发展中国家的发展目标。如亨廷顿所言，"从长远的观点来看，现代化不仅是不可避免的，而且是人心所向的……现代化增加了全人类在文化和物质方面的幸福"①，"现在的任何社会要么是现代社会，要么是正在成为现代社会过程中的社会"②。

第三，复杂性。现代化是一个复杂的历史进程。首先，在一定意义上，现代化意味着对于传统社会生活的彻底否定，不仅是形式上的否定，更是价值上的颠覆。如勒纳所言，传统社会是以血缘关系和传统习俗为基础的社会组织形式，现代化则要求在新的经济基础、社会基础与哲学基础上重构人与人之间的社会关系，并重新确立政治权力的内容与边界，重构政治权力与政治权利的互动方式。即使传统社会的某些事物以某种形式保留在现代社会之中，其价值取向与内在精神也会发生根本性改变。其次，在现代化转型的过程中充满了不确定性。亚当·普沃斯基（Adam Przeworski）以东欧和拉

---

① 转引自［美］西里尔·E. 布莱克编：《比较现代化》，杨豫、陈祖洲译，上海译文出版社 1996 年版，第 47 页。
② 转引自［美］西里尔·E. 布莱克编：《比较现代化》，杨豫、陈祖洲译，上海译文出版社 1996 年版，第 45—46 页。

美国家的政治现代化转型为例，指出在由传统政治制度向现代政治制度转型的过程中，充满了不确定性，只有在特定的条件下转型之路才能够成功。① 因此，任何一个国家的现代化转型都需要从自身条件出发，审慎选择其现代化之路。波兹南斯基以俄罗斯、乌克兰和苏联其他欧洲加盟共和国的经济转型为例，指出在经济转型中国家的过度缺位不仅没有充分激活市场，反而造成了长期的经济衰退与生产不足。② 最后，现代化催生了更大的社会风险，增加了现代化社会的治理难度。随着现代化进程的不断深化，现代化所带来的社会风险不断激增。现代化创造出了高度的社会文明，也带来了新的风险与危机，诸如生态危机、资源危机、核泄漏、化学污染等事件在现代化的进程中层出不穷，德国社会学家乌尔里希·贝克指出，现代社会本身就是风险社会。③

第四，长期性。由传统社会向现代社会转变是一个长期的过程。欧洲的现代化始于工业革命，到 20 世纪中叶才进入成熟的高度工业化阶段。广大发展中国家也需要一个长期的发展过程，才能够真正实现全方位的现代化。

---

① 　［美］亚当·普沃斯基：《民主与市场：东欧与拉丁美洲的政治经济改革》，包雅钧等译，北京大学出版社 2005 年版。
② 　K. 波兹南斯基：《共产主义后制度瓦解的转轨是导致东欧地区经济衰退的原因》，《经济社会体制比较》2001 年第 6 期。
③ 　［德］乌尔里希·贝克：《风险社会》，何博闻译，译林出版社 2004 年版。

但是，作为一种发展趋势与历史进程，现代化的普遍性不等于现代化发展的同质性，更不能将西方的现代化发展模式视作实现现代化的唯一路径。现代化之所以能够成为世界性概念，是因为随着现代大工业的分工与资本主义生产方式的兴起，传统的各民族与地区封闭自守的状态陆续被打破，世界交往呈现出普遍性与全球性，从而使得"每一民族都依赖于其他民族的变革"[①]，世界呈现出整体关联与相互依存的状态。但不能因此认为现代化的思想与制度可以使不同社会趋向同质性，甚至形成世界国家。

一方面，因为现代化的根本目的是改造传统社会，实现自我发展，现代化是在自觉的政策下争取与高速发展的世界保持同步，争取世界先进的发展水平的过程。因而，对于如何发展，以什么模式发展，发展的目标又是什么，则需要从本国的实际出发进行不断的探索和实践。马克思曾深刻指出："人们自己创造自己的历史，但是他们并不是随心所欲地创造，并不是在他们自己选定的条件下创造，而是在直接碰到的、既定的、从过去承继下来的条件下创造。"[②]传统社会的社会结构、权力形态、运行方式与伦理思想等内容，深刻影响着一个国

---

① 《马克思恩格斯选集》第 1 卷，人民出版社 2012 年版，第 166 页。
② 《马克思恩格斯选集》第 1 卷，人民出版社 2012 年版，第 669 页。

家或共同体内部对于实现何种现代化与如何实现现代化的选择与认知。

邓小平对中国的"四个现代化"作过这样一种概括——我们所做的工作可以概括为一句话：要发展自己。"我们搞的现代化，是中国式的现代化。"①习近平总书记更是深刻强调："世界上既不存在定于一尊的现代化模式，也不存在放之四海而皆准的现代化标准。"②"我国国家治理体系需要改进和完善，但怎么改、怎么完善，我们要有主张、有定力。"③既不能照搬其他国家的现代化治理模式，也不能盲目效仿其他国家的治理经验，要从中国现代化建设的客观实际与发展阶段出发，从中国的历史传统与文化渊源出发，探索符合中国当下实践的现代化发展模式。正如马克思、恩格斯所言："一切划时代的体系的真正的内容都是由于产生这些体系的那个时期的需要而形成起来的。"④如何实现现代化，如何在不同的时期分阶段、有步骤地实现现代化，关键在于基于实践发展的需要，把时代所需的变革转化为自觉与主动的社会改革。

---

① 《邓小平文选》第3卷，人民出版社1993年版，第29页。
② 中共中央党史和文献研究院编：《十九大以来重要文献选编》（中），中央文献出版社2021年版，第824页。
③ 中共中央文献研究室编：《习近平关于全面深化改革论述摘编》，中央文献出版社2014年版，第21页。
④ 《马克思恩格斯全集》第3卷，人民出版社1960年版，第544页。

　　另一方面，以理性主义为核心的西方现代化发展模式，引发了越来越多的治理困境与治理危机。纵观近代以来西方国家的治理实践，理性主义构成了现代化进程的核心推进力。在理性主义的引领下，效率与效能成为公共管理与公共政策的首要原则，平等、公益、民主等其他重要的社会价值被忽视，在追求理性主义的过程中，诸多不平等、不公正、不民主的现象比比皆是。[①] 西方式现代化虽然产生了高度的物质文明，却没有带来人们在物质与精神上的普遍幸福。而且，西方现代化发展模式虽然将广大发展中国家拉入世界市场，但其所构建的世界整体联系，是基于一种扭曲的依存关系而建构的现代化发展体系，是中心国家对边缘国家的统治，是少数压迫民族统治被压迫民族。在现代化发展的过程中，中心国家与边缘国家的差距不断扩大。但是，随着全球化的发展，世界性的相互依存持续增长[②]，人类社会已经成为一个你中有我、我中有你的命运共同体。如何在人类命运共同体的维度上实现人类的共同发展与共同进步，也成为一个深刻的现实问题。中国的现代化之路正是对此问题给出的中国方案。

---

① 刘舒杨：《中国治理的现代性分析》，《国家现代化建设研究》2022年第5期。
② 徐崇温：《全球问题和"人类困境"——罗马俱乐部的思想和活动》，辽宁人民出版社1986年版。

正如党的十九届六中全会通过的《中共中央关于党的百年奋斗重大成就和历史经验的决议》所言："党的百年奋斗深刻影响了世界历史进程……一百年来，党既为中国人民谋幸福、为中华民族谋复兴，也为人类谋进步、为世界谋大同，以自强不息的奋斗深刻改变了世界发展的趋势和格局。党领导人民成功走出中国式现代化道路，创造了人类文明新形态，拓展了发展中国家走向现代化的途径，给世界上那些既希望加快发展又希望保持自身独立性的国家和民族提供了全新选择。"[①]

二、中国走向现代化的历史进程

就中国实现现代化的历史进程而言，中国的现代化进程存在着两个不同的发展阶段：早期的现代化探索与中国共产党领导下的中国式现代化。

（一）早期现代化探索

中国的现代化之路开始于19世纪60年代的洋务运动。1840年西方列强的坚船利炮打破了清政府"天朝

[①]　《中共中央关于党的百年奋斗重大成就和历史经验的决议》，《人民日报》2021年11月17日。

上国"的迷梦，中国被迫开眼看世界，被拖入现代化进程。如果说英、美等国家的现代化属于内生模式，中国的现代化则属于外生模式。中国的现代化是在西方列强强大的外在压力下，在日益严重的民族危机中生成和发展的，是晚清政府在面对"数千年未有之大变局"时采取的自救行动。究其本质而言，中国早期的现代化具有明显的抵御外辱的防御性特征，因此，在中国早期现代化的第一阶段，表现为以实现器物现代化为核心目标的防御性现代化。

此阶段现代化主张中学为体、西学为用，以师夷长技以制夷为目标，认为当时中国的落后只在于器物的不先进，只要开办现代化工厂，引进西方先进生产技术，制造先进的现代化武器，就可以有效防御西方殖民主义的军事威胁。于是，1861 年初清政府宣布设立总理各国通商事务的总理衙门，以及北洋和南洋两位通商大臣。1865 年李鸿章创办金陵机器制造局、江南机器制造总局；1866 年左宗棠创办马尾船政局；1867 年崇厚于天津创办北洋机器制造局等一系列具有现代性质的军工厂。1888 年成立北洋水师，扩建海军。19 世纪中期开始兴办一般民用企业，开矿山，试办电报邮政。可以说，洋务运动实质上开启了中国早期的工业化进程。

但是，由于当时中国社会并没有孕育出可以支撑现代工业发展的社会基础，此阶段的工业化进程是以来自清政府内部的官僚阶层为主体，在传统制度体系与权力结构内部，由掌握权力且获得信任的地方大员，如曾国藩、李鸿章、左宗棠等主导，表现为官办工业化模式。

　　一方面，此阶段的现代化改革具有不充分的国家中心主义特征，国家是现代化的推动者，但是现代化进程的实际推动者是地方各级官僚。这就决定了中国现代化改革的层次较低，对于制约改革的根本性因素无法触及，这种改革"至多只能说是一点零打碎敲的现代化措施"①。另一方面，此阶段的现代化改革具有鲜明的封建官僚制度特征。权力斗争所导致的人世沉浮，使得洋务运动的推行起起落落；更为重要的是，官僚制的运行方式导致了生产的低效率与严重的腐败行为。李鸿章曾在朋友的信中坦言："闽船创自左公，沪船创议曾相，鄙人早知不足御侮，徒添靡费，今已成事，而欲善其后，不亦难乎？"②最终，甲午战争的惨败与北洋水师的覆灭，宣告了以器物现代化为核心的中国早期现代化之路以失败告终。

　　从19世纪后期世界现代化发展的进程来看，中国的现代化起步并不算晚。第二次工业革命使人类进入电

---

① 　罗荣渠：《现代化新论：世界与中国的现代化进程》，商务印书馆2004年版，第293页。
② 　《李文忠公朋僚函稿》，"复王补帆中丞"。

气化时代，德国、意大利、俄国借助第二次工业革命的推动力量，成为第二波现代化国家，并一跃成为世界强国。日本也是在这一时期改变国家的落后面貌，通过明治维新运动实现国家的现代化转型。但是，正如现代化学者所言，清政府的"政治结构与追求现代化的目标明确的行动太不相称。政治结构的衰败是中国现代化起步缓慢的主要原因"①。面对甲午战争的惨败，梁启超也明确指出："是役也，李鸿章之失机者固多，即不失机而亦必无可以幸胜之理。盖 19 世纪下半纪以来，各国之战争，其胜负皆可于未战前决之，何也？世运愈进于文明，则优胜劣败之公例愈确定。实力之所在，即胜利之所在，有丝毫不能假借者焉。无论政治学术商务，莫不皆然，而兵事其一端也。"②

此时的有识之士纷纷意识到，器物的落后是结果而非原因，若要挽救民族危亡，唯有变法图强。如严复所言，"法终当变，不变于中国，将变于外人"。于是，中国开启了以制度现代化为核心的现代化之路。

此阶段有三次大规模的制度转型，分别是 1898 年的戊戌变法，1905 —1911 年的立宪运动，1911 —1912年的辛亥革命。戊戌变法与预备立宪都是士大夫阶层主

① 转引自罗荣渠：《现代化新论：世界与中国的现代化进程》，商务印书馆 2004 年版，第 294 页。
② 梁启超：《李鸿章传》，东方出版社 2009 年版，第 80 页。

导下的政治改革，前者由于权力斗争而被迫终结，后者虽然得到了朝野的一致认同，但以皇族内阁的成立而宣告破产。

　　纵观立宪运动的始末，可以清晰发现，立宪运动的失败归根结底是因为传统的封建制度没有办法容纳现代化的社会变革，更没有能力领导现代化的国家转型与制度革新。就改革的主体而言，清政府的阶级属性所导致的刚愎自用、敷衍塞责是立宪运动失败的主要因素。[①] 同时，资产阶级改良派不仅没能激起全国人民的响应，甚至不能得到整个士绅阶层的支持，也是改革破产的主要原因。[②] 就改革的条件而言，当时的中国社会并不具备支持现代化转型的经济与社会条件，一方面，国家积贫积弱，工业化程度很低，中央财政匮乏，国库缺乏推进各项改革政策所需的资金条件；地方之间各自为政。[③] 另一方面，清政府的权威危机也使其领导的现代化改革缺乏必要的合法性基础，从而失败。[④]1911 年的辛亥革命虽然

---

①　章开沅、林增平主编：《辛亥革命史》中册，人民出版社 1980 年版，第 375 页。
②　胡绳武、金冲及：《论清末的立宪运动》，上海人民出版社 1959 年版，第 1—10 页；张朋园：《立宪派与辛亥革命》，吉林出版集团有限责任公司 2007 年版，第 189 页。
③　朱英：《晚清经济政策与改革措施》，华中师范大学出版社 1996 年版，第 286—287 页；高旺：《晚清中国的政治转型：以清末宪政改革为中心》，中国社会科学出版社 2003 年版，第 226—227 页。
④　萧功秦：《危机中的变革——清末现代化中的激进与保守》，上海三联书店 1999 年版，第 123—124 页。

推翻了清政府，终结了封建帝制，也移植了西方的议会民主制度，但制度的确立不仅没有给社会带来秩序与稳定，反而造成了空前的政治危机，带来了严重的政治混乱与社会失序。"据有人统计，从 1912 年至 1928 年间，发生在各省之内和各省之间的军阀大战和其他小规模战争共达 140 次之多。"① 1933 年《申报月刊》上有人撰文指出："再就内战而言，也是民国以来，迄无宁日。（民国）22 年中，四川战乱四百余次，（民国）19 年之内战尤为惨毒。……然而中国古朴之人民，20 余年来，惟有长期困顿于水火之中，宛转于铁蹄之下，吞声饮泣敢怒而不敢言。——这样，又能算是一个现代的国家吗？"②

面对民不聊生的局面，以陈独秀、李大钊为代表的先进知识分子指出，中国的现代化之路之所以屡屡失败，是因为人们企图在一个旧式的、传统的思想认知与文化基础之上移植西方现代政治制度。中国要实现现代化，需要改变旧道德，提倡新道德；改良旧文化，提倡新文明。从而，开始了以新文化运动为核心的文化现代化之路。胡适指出："新文化运动的根本意义是承认中国旧文化不适宜于现代的环境，而提倡充分接受世界

① 罗荣渠：《现代化新论：世界与中国的现代化进程》，商务印书馆 2004 年版，第 321 页。
② 罗荣渠主编：《从"西化"到现代化：五四以来有关中国的文化趋向和发展道路论争文选》，北京大学出版社 1990 年版，第 250 页。

的新文明。"① 此阶段的核心争论在于，中国现代化应该以何种文化作为改革的思想基础。新文化运动就东西方文化差异，全盘西化方案与现代化理论展开了激烈讨论，虽启发民智，但其影响力始终局限于知识分子阶层。

1917年，十月革命一声炮响，给中国送来了马克思列宁主义，使当时的中国人意识到，唯有在现代化的经济基础与社会基础之上，才能建构现代化国家。中国实现现代化转型的关键，是将广大民众从帝国主义、封建主义、官僚资本主义的剥削关系中解放出来，实现人民当家作主，只有在新的经济基础之上才能构建真正意义的现代化国家。1921年中国共产党应运而生，从此"深刻改变了近代以后中华民族发展的方向和进程，深刻改变了中国人民和中华民族的前途和命运，深刻改变了世界发展的趋势和格局"②。

至此，中国人民在中国共产党的领导下，以马克思列宁主义为基本理论，开始了立足中国实际，以人民为中心的中国式现代化之路。

---

① 欧阳哲生编：《胡适文集》（5），北京大学出版社1998年版，第580页。原载1929年9月10日《新月》第2卷第6、7号合刊，此号实际推迟出版。
② 习近平：《在庆祝中国共产党成立100周年大会上的讲话》，《人民日报》2021年7月2日。

（二）中国式现代化的发展之路

习近平总书记在庆祝中国共产党成立 100 周年大会上的讲话中指出："一百年来，中国共产党团结带领中国人民，以'为有牺牲多壮志，敢教日月换新天'的大无畏气概，书写了中华民族几千年历史上最恢宏的史诗。"[①] 中国式现代化就是其中的优秀成果。

中国共产党致力于实现的现代化是马克思主义基本原理同中国具体实际相结合的社会主义现代化道路，社会主义是中国式现代化的基本属性。历史唯物主义指出，生产力是一切社会因素中最活跃的因素，是社会发展与社会变革的根本动力，生产力的发展从根本上决定了生产关系与上层建筑的变革。马克思在《〈政治经济学批判〉序言》一文中也指出："社会的物质生产力发展到一定阶段，便同它们一直在其中运动的现存生产关系或财产关系（这只是生产关系的法律用语）发生矛盾。于是这些关系便由生产力的发展形式变成生产力的桎梏。那时社会革命的时代就到来了。"[②]

因此，在新民主主义革命时期，中国共产党经过浴血奋战，领导中国人民实现了民族独立和人民解放，彻

---

① 习近平：《在庆祝中国共产党成立 100 周年大会上的讲话》，《人民日报》2021 年 7 月 2 日。
② 《马克思恩格斯选集》第 2 卷，人民出版社 2012 年版，第 2—3 页。

底结束了自近代以来中国半殖民地半封建社会的历史，彻底结束了极少数剥削者统治广大劳动人民的历史。例如，到 1952 年底，新中国基本完成了土地改革，使中国农村的土地占有关系发生了根本性变化：由土地改革之前，占农户总数不到 7% 的地主、富农占总耕地 50% 以上，占全国农户 57% 以上的贫农、雇农仅占有耕地总数的 14%，转变为占农村人口 90% 的贫农、中农占有全部耕地的 90% 以上。土地革命从根本上铲除了极少数人剥削大多数人的经济基础，为解放和发展生产力、实现中国的现代化建设提供了前提性条件。

通过社会主义革命，党领导人民建立了社会主义制度，确立了走社会主义道路实现现代化的发展目标。通过对农业、手工业和资本主义工商业的社会主义改造，从根本上改变了中国落后的生产方式和经济形态，为实现社会主义的工业现代化创造了条件。由此，中国开始了独立自主探索现代化发展的实践之路。

1. "四个现代化"战略目标的形成与完善

新中国成立伊始，中国共产党就将实现工业化，把中国由一个落后的农业国建设为一个富强的工业国作为发展目标。1953 年 6 月，周恩来在审定政务院财经委在全国劳动大会上的报告时指出，不能孤立地提"实现社会主义工业化"的口号，"因为这个口号在我们这个过渡时期作为唯一目标来说是不完全的，其中没有包括农业集体化及利用和改造资本主义工业"①。1954年9月，毛泽东在第一届全国人民代表大会开幕词中提出，"准备在几个五年计划之内，将我们现在这样一个经济上文化上落后的国家，建设成为一个工业化的具有高度现代文化程度的伟大的国家"②。周恩来在政府工作报告中也提出，"如果我们不建设起强大的现代化的工业、现代化的农业、现代化的交通运输业和现代化的国防，我们就不能摆脱落后和贫困，我们的革命就不能达到目的"③。这是中国共产党对于"四个现代化"概念的最早表述。

1959年12月至1960年2月，毛泽东在《读苏联〈政治经济学教科书〉的谈话》中指出："建设社会主义，原来要求是工业现代化，农业现代化，科学文化现代化，现在要加上国防现代化。"④这是对于"四个现代化"的第一次完整表述。1960年2月，周恩来在学习苏联《政治经济学教科书》的发言中提出，将"科学文化现代化"改为"科学技术现代化"，更为准确和科学。1963年1月28日，周恩来在上海市委召开的各界民主

① 《周恩来经济文选》，中央文献出版社1993年版，第133页。
② 《毛泽东文集》第6卷，人民出版社1999年版，第350页。
③ 中共中央文献研究室编：《建国以来重要文献选编》第5册，中央文献出版社1993年版，第584页。
④ 《毛泽东文集》第8卷，人民出版社1999年版，第116页。

人士春节座谈会上提出，"我们要为实现我国的农业现代化、工业现代化、国防现代化和科学技术现代化的目标而奋斗"[①]。至此，"四个现代化"的表述就此定型，并在全党全国达成广泛的共识。

2. 实现"社会主义现代化"

党的十一届三中全会后，党中央将工作重心转移到经济建设上。1982 年 9 月召开的党的十二大，对"四个现代化"的顺序作了调整，把"工业化"放在了"农业化"的前面。这样调整，一方面更符合现代化的本意，现代化究其本质就是由传统农业社会向现代工业社会的转型，工业化是现代化的基本要求与推进动力；另一方面，将工业化放在首位更符合我国当时工业落后的基本国情。

此外，党中央认识到"四个现代化"主要关注的是经济现代化建设，而现代化建设不仅包含经济现代化，还包含民主、法制、精神文明等诸多内容。

1979 年 9 月 29 日，叶剑英代表中共中央在庆祝中华人民共和国成立三十周年大会上的讲话中指出："我们所说的四个现代化，是实现现代化的四个主要方面，并不是说现代化事业只以这四个方面为限。我们要在改革和完善社会主义经济制度的同时，改革和完善社会主

---

① 《周恩来统一战线文选》，人民出版社 1984 年版，第 447 页。

义政治制度，发展高度的社会主义民主和完备的社会主义法制。我们要在建设高度物质文明的同时，提高全民族的教育科学文化水平和健康水平，树立崇高的革命理想和革命道德风尚，发展高尚的丰富多彩的文化生活，建设高度的社会主义精神文明。这些都是我们社会主义现代化的重要目标，也是实现四个现代化的必要条件。"[1]

1980 年 1 月 16 日，邓小平在中共中央召集的干部会议上的讲话中指出："现代化建设的任务是多方面的，各个方面需要综合平衡，不能单打一。"[2]

1987 年 10 月，党的十三大提出了党在社会主义初级阶段的基本路线："领导和团结全国各族人民，以经济建设为中心，坚持四项基本原则，坚持改革开放，自力更生，艰苦创业，为把我国建设成为富强、民主、文明的社会主义现代化国家而奋斗。"[3] 同时，还提出了现代化建设的"三步走"战略："第一步，实现国民生产总值比一九八〇年翻一番，解决人民的温饱问题"，"第二步，到本世纪末，使国民生产总值再增长一倍，人民生活达到小康水平"，"第三步，到下个世纪中叶，

① 中共中央文献研究室编：《三中全会以来重要文献选编》（上），中央文献出版社 2011 年版，第 204 页。
② 《邓小平文选》第 2 卷，人民出版社 1994 年版，第 250 页。
③ 中共中央文献研究室编：《十三大以来重要文献选编》（上），中央文献出版社 2011 年版，第 13 页。

人均国民生产总值达到中等发达国家水平，人民生活比较富裕，基本实现现代化"。[①] 至此，"社会主义现代化建设"取代了"四个现代化"思想。

党的十五大报告指出："第一个十年实现国民生产总值比二〇〇〇年翻一番，使人民的小康生活更加宽裕，形成比较完善的社会主义市场经济体制；再经过十年的努力，到建党一百年时，使国民经济更加发展，各项制度更加完善；到世纪中叶建国一百年时，基本实现现代化，建成富强民主文明的社会主义国家。"[②]

进入 21 世纪以来，随着经济发展，民生问题日益突出，贫富划分、社会矛盾增加，社会进入矛盾多发期。党的十六届六中全会通过的《中共中央关于构建社会主义和谐社会若干重大问题的决定》指出，构建社会主义和谐社会，"反映了建设富强民主文明和谐的社会主义现代化国家的内在要求，体现了全党全国各族人民的共同愿望"。党的十七大正式提出，"建设富强民主文明和谐的社会主义现代化国家"。至此，中国式现代化已完全超越经济现代化的狭义范畴，其内容与范围全面涵盖社会主义的经济、政治、文化、社会等各个领域。

---

① 　中共中央文献研究室编：《十三大以来重要文献选编》（上），中央文献出版社 2011 年版，第 14 页。
② 　中共中央文献研究室编：《十五大以来重要文献选编》（上），中央文献出版社 2011 年版，第 4 页。

3. 推动国家治理体系和治理能力现代化

党的十八届三中全会以来，完善和发展中国特色社会主义制度，推进国家治理体系和治理能力现代化，成为全面深化改革的总目标。2019年，党的十九届四中全会进一步提出，要坚持和完善中国特色社会主义制度，推进国家治理体系和治理能力现代化。国家治理现代化成为中国现代化发展的重点领域与核心议题。党的十九大报告强调，"我国经济已由高速增长阶段转向高质量发展阶段"。高质量发展是新时代中国经济发展的新特征，中国治理现代化就是同高质量发展相匹配的国家治理模式。因此，一方面，中国治理现代化需要通过不断深化改革，破除制约市场在资源配置中起决定性作用、制约我国高质量发展的体制机制障碍，为建设现代化经济体系提供制度保障；另一方面，中国治理现代化要求转变效率至上的发展理念，坚持质量第一、效率优先，在质的大幅提升中实现量的有效增长，使发展成果惠及全体人民。

三、国家治理现代化的理论逻辑

（一）国家治理现代化的内涵

国家治理现代化是中国共产党团结带领中国人民，坚持和完善中国特色社会主义制度，深化改革不适应生产力发展的体制机制，不断提升国家治理能力，实现国家治理的科学性、民主性、法治性和有效性的过程和事业。

中国国家治理现代化是在中国基本经济关系和制度不断发展的基础上得以推进的。公有制为主体、多种所有制经济共同发展，按劳分配为主体、多种分配方式并存，社会主义市场经济体制等社会主义基本经济制度，决定了实现中国国家治理现代化的主体格局、基本形态、体制结构和矛盾运动。社会主义市场经济体制等社会主义基本经济制度，决定了实现中国国家治理现代化必须充分发挥市场在资源配置中的决定性作用，更好发挥政府作用，激发和培育政府与市场、国家与社会的双引擎和双动能，实现政府、市场、社会的互惠共生与良性互动，构建共建共治共享的复合治理机制。

我国社会主要矛盾及其发展变化是国家治理现代化的原动力。改革开放后，1981 年党的十一届六中全会通过的《关于建国以来党的若干历史问题的决议》明确指出："在社会主义改造基本完成以后，我国所要解决的主要矛盾，是人民日益增长的物质文化需要同落后的社会生产之间的矛盾。"[①]基于这一判断所推进的改革开放事业，极大促进了经济、社会、文化等各方面事业的发展。中国特色社会主义进入新时代，我国社会主要矛盾转化为人民日益增长的美好生活需要和不平衡不充分的发展之间的矛盾。推进国家治理体系和治理能力现代化不仅是全面深化改革的总目标，而且是不断满足人民美好生活需要、解决发展不平衡不充分问题的重要抓手。中国国家治理现代化正是在解决社会主要矛盾的过程中不断得以发展的。

中国国家治理现代化的内容涉及优化和完善政治权力关系、公民权利关系以及两者之间的互动关系。就优化政治权力关系而言，在执政党与国家关系方面，不断加强和完善党的全面领导和集中统一领导体制，提高党科学执政、民主执政、依法执政水平；在国家政治方面，坚持和完善中国特色社会主义制度，完善立法权、行政权、司法权、监察权的相互关系，完善中央与地方关系，形成权责统一、科学配置、体制完善、运行高效

---

① 中共中央文献研究室编：《三中全会以来重要文献选编》（下），中央文献出版社 2011 年版，第 168 页。

的政治权力结构。就完善公民权利关系而言，贯彻依法治国战略，加强人权法治保障，保证人民依法享有广泛的权利和自由、承担应尽的义务，引导全体人民做社会主义法治的忠实崇尚者、自觉遵守者和坚定捍卫者。就政治权力与公民权利关系而言，明确权力的边界、规范权力的运行，积极培育和实现公民权利，推进公共权力与公民权利的良性互动，达成公共权力与个人权利的合作共治，实现国家治理、社会调节和居民自治之间的良性互动与相互强化。

中国国家治理现代化以科学、民主、法治、高效为现代化目标。"科学"首先意味着中国国家治理现代化以马克思主义唯物论为本体论基础，从实际出发，实事求是地推进国家治理现代化；其次，中国国家治理现代化需要深刻把握国家治理的客观规律，实现国家治理领导机制、管理机制与执政能力的全面优化。"民主"意味着中国国家治理现代化以发展社会主义民主为基本目标。习近平总书记指出："发展社会主义民主政治，是推进国家治理体系和治理能力现代化的题中应有之义。"[①]中国治理现代化就是要通过健全民主制度，丰富民主形式，拓宽民主渠道，发展全过程人民民主，使

---

① 习近平：《在庆祝全国人民代表大会成立 60 周年大会上的讲话》，《人民日报》2014 年 9 月 6 日。

人民可以依法参与到国家事务与公共事业的管理中，确保国家治理现代化的人民属性。"法治"意味着依法治国是中国国家治理现代化的实现方式与内在要求。一方面，法治是现代化的重要表现形式，国家治理现代化必然要求国家治理法治化，通过法律程序将国家治理中的权责界定、程序制度等定型化、精细化，是治理制度完备、运行规范有效的有力表现；另一方面，国家治理的法治化是中国共产党执政理念的必然要求，是保证人民行使民主权利参与国家治理的基本保障。中国国家治理现代化必须坚持党的领导、人民当家作主和依法治国的有机统一，法治是中国共产党领导人民治国理政的基本方式。"高效"意味着中国国家治理现代化既要求国家治理过程中的程序正义，更注重治理结果的实质正义。制度的优化不仅体现在制度程序的完备性与精细化，更要落实在实践结果的高效与管用。"我国国家制度和国家治理体系管不管用、有没有效，实践是最好的试金石。"[①] 因此，中国国家治理现代化不仅要求国家治理体系和治理能力的全面优化，还要求不断将中国国家治理的制度优势更好地转化为国家治理效能。

[①] 　中共中央宣传部、国家发展和改革委员会编：《习近平经济思想学习纲要》，人民出版社、学习出版社 2022 年版，第 17 页。

（二）国家治理现代化的特征

第一，坚持中国共产党对推进国家治理现代化的领导。党的领导确保国家治理的社会主义现代化方向。中国特色社会主义制度是党和人民在长期实践探索中形成的科学制度体系，我国国家治理的一切工作和活动都依照中国特色社会主义制度展开，我国国家治理体系和治理能力是中国特色社会主义制度及其执行能力的集中体现。中国特色社会主义最本质的特征是中国共产党领导，中国特色社会主义制度的最大优势是中国共产党领导。中国共产党是中国特色社会主义事业的领导核心。在推进国家治理现代化进程中，党是最高政治领导力量，从根本上确保中国国家治理的社会主义现代化方向。只有毫不动摇坚持党的领导，才能守好中国式现代化的本和源、根和魂，毫不动摇坚持中国式现代化的中国特色、本质要求、重大原则和正确方向。[1]

党的领导确保国家治理的公平正义取向。实现社会公平正义是现代国家治理的基本价值诉求。如何保证国家治理不被资本集团与利益集团所俘获，保证国家治理的路线、方针、政策不偏离社会公共利益，关键在党。习近平总书记指出："中国共产党始终代表最广大

---

[1]　刘舒杨、王浦劬：《中国共产党的领导是中国式现代化的根本特征》，《哈尔滨工业大学学报（社会科学版）》2023 年 2 期。

人民根本利益，与人民休戚与共、生死相依，没有任何自己特殊的利益，从来不代表任何利益集团、任何权势团体、任何特权阶层的利益。"①党的十八大以来，以习近平同志为核心的党中央将全面从严治党纳入"四个全面"战略布局，探索出一条党长期执政条件下实现自我革命的有效路径，确保党是长期执政的革命党，也是坚持革命的执政党，确保党始终代表最广大人民的根本利益，以其先进性、纯洁性保证国家治理的公平正义与公共性取向。

党的领导确保国家治理的集中统一和高效实施。巨大的人口规模、复杂的人口结构、多期叠加的现代化建设和发展任务、处于并将长期处于社会主义初级阶段的国情，决定了中国国家治理必然面对高度复杂的社会利益结构、利益诉求和利益矛盾。如何保障人民根本利益，在发展中维护社会的统一和稳定，同时激发和调动各方面积极性，实现发展与治理的有机结合，达成现代化发展与治理的双优绩效，是中国国家治理现代化面临的现实问题。中国共产党具有巨大的政治能量和高度的政治权威，在国家治理中发挥总揽全局、协调各方的领导核心作用。实践证明，党的领导是解开实现国家治理

①　习近平:《在庆祝中国共产党成立 100 周年大会上的讲话》,《人民日报》2021 年 7 月 2 日。

现代化诸多困结的最大秘诀和关键。

党的领导确保调动一切可以调动的积极因素进行现代化建设。中国共产党拥有 9900 多万名党员，具有巨大的政治优势、高度的政治权威、独特的动员能力和强大的组织能量。同时，党坚持党中央的集中统一领导，坚持"两个确立"，做到"两个维护"，确保了党中央的权威性和思想政治的高度一致性；党遵循民主集中制的组织原则，形成了自上而下和自下而上相结合的组织机制。因此，只有坚持党的领导，才能充分发挥党在现代化建设中的政治领导力与组织执行力，保障中央权威与决策的集中有效实现，形成自上而下和自下而上相结合的治理运行机制。一方面，党充分发挥政治组织力与政治动员力，调动社会各方面力量参与国家治理；另一方面，党充分发挥政治领导力与政治执行力，把握国家治理的社会主义方向，保障中央权威与决策的集中有效，实现国家治理现代化的持续有效发展。

第二，坚持人民在推进国家治理现代化中的主体地位。发展中国特色社会主义民主，是中国式现代化的重要内容。中国国家治理现代化本质上是中国共产党团结带领人民有效治理国家，坚持、实现和发展中国特色社会主义民主的实践过程，是人民主权与人民治权有机联系、相互强化、共同发展的过程，是以系统有效的整体性治理集中体现全过程人民民主的过程。

中国国家治理现代化以维护、实现和发展人民的根本利益为宗旨。中国特色社会主义民主是维护人民根本利益的最广泛、最真实、最管用的民主。中国国家治理现代化从人民根本利益出发，构建治理格局、制定治理战略、优化治理体制机制、实施治理方针政策。保障人民的发展权利与发展机会，鼓励广大劳动者将个人利益与国家利益、社会公共利益相结合。中国国家治理现代化始终致力于维护、实现和发展人民的根本利益，集中体现了国家治理现代化的人民性。

中国国家治理现代化以优化和完善国家的政治权力体系和制度体系为基本内容。中国国家治理现代化坚持人民当家作主的根本制度、基本制度和重要制度，创设政治权力民主监督的体制机制，确保权力按照人民的意志和要求运行。由此可见，中国国家治理现代化，不仅奉行人民之政，而且贯彻人民之治，人民始终是现代化建设的主体力量，是中国国家治理现代化的创造者与实践者。

中国国家治理现代化以维护、保障和实现人民权利为出发点。中国国家治理现代化的根本动力在于人民群众的社会实践。在中国国家治理现代化实践中，人民以巨大的主动性和创造性，多领域、多层次、多范围、多方面开拓创新和完善发展民主治理的机制和路径，使得人民参与治理与自我治理有机结合，使得国家治理现代化体现为人民正当权益的实现，落实为人民群众的获得感、幸福感、安全感。与此同时，积极建设中国特色社会主义法治体系，健全社会公平正义和公民权利的法治保障制度。因此，中国国家治理现代化，是公民权利真实、平等、广泛实现的现代化。

中国国家治理现代化以党的领导、人民当家作主和依法治国的有机统一为根本路径。党的领导是人民当家作主和依法治国的根本保证，人民当家作主是社会主义民主政治的本质特征，依法治国是党领导人民治理国家的基本方式，三者统一于我国真实、广泛和有效的人民之治的伟大实践。

第三，辩证思维是中国国家治理现代化的逻辑。唯物辩证法是中国国家治理现代化的哲学基础与思维方式。中国国家治理秉持马克思主义辩证逻辑，在国家治理中构建了"一"与"多"辩证统一、相辅相成的逻辑结构，体现了国家治理的东方智慧。

在治理的经济基础方面，中国国家治理遵循"一"与"多"共存的辩证逻辑。坚持和完善公有制为主体、多种所有制经济共同发展，按劳分配为主体、多种分配方式并存，社会主义市场经济体制等社会主义基本经济制度；坚持社会主义市场经济为资源配置的基础，同时更好地发挥政府作用的经济运行机制。在"一"与"多"的辩证统一中，发挥多种所有制、分配制度和经济运行机制的优势，服务于解放和发展社会生产力的任务。

在治理的主体方面，中国国家治理坚持党全面领导、多元社会主体共同参与的治理模式。坚持党的全面领导，代表人民的根本利益和社会公共利益，把握国家发展的社会主义现代化方向，有效整合、化解经济社会发展中的利益矛盾与利益冲突。同时，尊重社会的多样性，调动社会力量的积极性，引导其有序参与到国家治理的基本框架中，在"一"与"多"的互动关系中，形成政党—国家—社会协同共治、互强互动的治理逻辑。

在治理的出发点方面，中国国家治理奉行公共利益优先、兼顾个人利益的治政要领。在国家治理的意义上，优先性集中体现为在社会发展中将社会公共利益置于至高地位。虽然公共利益来源于个人利益，但公共利益独立于个人利益，并优先于个人利益。中国国家治理现代化以人民的共同利益为社会公共利益的基础，强调公共利益优先，以公共利益统合个人利益；同时，高度重视个人权利的实现与个人利益的保护，表现为"一"与"多"共存的辩证逻辑。

在治理的基本价值方面，中国国家治理弘扬"和而不同"的优秀传统文化精神。中国国家治理现代化奉行一元价值主导、多元价值共存的基本价值取向。在实践中，中国国家治理现代化坚持以马克思主义为指导，以社会主义核心价值观为引领，吸取中华优秀传统文化精髓，借鉴世界各国现代化建设的有益经验，积极努力实现社会生活多重价值的协调发展与有机融合。在治理精神与治理价值层面，体现"一"与"多"有机结合、协同共生的辩证逻辑。

（三）国家治理现代化的实施方略

建构性治理是中国国家治理现代化的实施路径。所谓建构性治理，就是在中国共产党的领导下，坚持和完善中国特色社会主义制度，尊奉人民主权，优化国家治权，保障公民人权，在问题导向与问题解决的治理实践中，建构和优化国家治理的主体结构、制度结构与价值结构，形成中国特色结构性治理模式，并且据此推进国家治理现代化。

首先，以权威治理整合社会，以构建结构性治理主体格局为依托。统一、有力、强大和有效的权威，是建构现代国家治理格局的必要条件，也是促进市场发展和社会有效治理的重要前提。新时代国家治理的实践表明，面对市场经济条件下经济社会的多样性多元化，中国共产党运用强大而有效的权威力量，建构和维护了社会公共秩序，保证了公共规则的有效供给与实施，规范了人们的经济和社会生活，将个人理性整合为公共理性，从而实现了社会公共生活的有效运转，保证了多元社会主体之间的有序互动与协同合作。因此，统一强大的权威性与多元多样的民意诉求的有机融合，使得中国共产党能够总揽全局、协调各方，统合和建构结构性治理格局，并且运用这种结构性治理格局推进国家治理现代化。

其次，坚持和完善中国特色社会主义制度，以国家治理制度建设为根本路径，在此基础上提升制度执行能力，优化制度的运行和效能。坚持中国特色社会主义根本制度、基本制度和重要制度，建构系统完备、科学规范、运行有效的制度体系；通过优化治理主体间的利益关系，改革国家治理的体制机制，打破既定利益格局，实现体制机制创新；提升治理主体的制度执行力，将治理优势转化为治理效能；以治理效能作为制度评价的基本标准，以治理效能为依据推进制度的优化升级。

再次，实现治理与发展的紧密结合，在发展和改革中推进国家治理现代化。中国国家治理是在中国式现代化建设的总体历史进程中，在推进经济、政治、文化、社会和生态文明建设的实践中，系统实施和持续创新的建构性治理。建构性治理不断创新治理制度安排，全面改革制约生产力发展的治理体制机制，优化政治权力关系，完善公民权利；在治理创新中建构现代国家治理结构和治理体系，提升政治权力主体与公民权利主体运用国家治理制度达成国家和社会公共利益、协调利益矛盾的能力，提升将制度优势转化为治理效能的能力。同时，按照社会主要矛盾和国家治理的主要战略和任务，分阶段建构治理体系、提升治理能力，实现治理体系与治理能力有机结合的现代治理结构。

最后，治理兼具现实针对性与现代化超越性。一方面，建构性治理从实践出发，坚持问题导向，以实际问题为改革的有力抓手，通过解决现实问题，着力有针对性地推进国家治理现代化；另一方面，建构性治理坚持不断探索和创新治理结构，进行顶层设计，把问题解决与国家治理战略有机结合，基于实践构建治理现代化的模式，并且以此引领国家治理现代化实践。因此，建构性治理又具有超越性和引领性的特点。

总之，中国国家治理现代化是中国式现代化的重要组成部分，是中国共产党人基于中国国情，不断深化对共产党执政规律、社会主义建设规律和人类社会发展规律的认识，对实现什么样的治理形态和治理文明，如何构建和实现这样的治理文明和政治文明的实践探索，不仅是中国政治文明的重要内容，对于其他国家实现治理现代化也有借鉴意义。

后　记

践行大学之道

韩毓海

2014 年 5 月 4 日上午 10 时许，习近平总书记神采奕奕地走进北京大学阳光大厅，在热烈的掌声中，与大家亲切握手致意，亲自主持召开了师生座谈会。

在听取学校领导和师生代表的汇报后，习近平总书记发表重要讲话，深刻阐释了"大学之道"，勉励我们立足中国大地办世界一流大学。

习近平总书记深刻指出："大学是一个研究学问、探索真理的地方。""以青春之我，创建青春之家庭，青春之国家，青春之民族，青春之人类，青春之地球，青春之宇宙"——近代以来，在救亡图存、振兴中华的历史洪流中，时代呼唤的是能谱写一曲曲感天动地乐章的时代新人。

历史和现实反复告诉我们：大学不是"智识贩卖所"，大学与教育不仅以"知识"的授受为中心，更是以"育人"、以"立德树人"为中心的。

古人说："大学之道，在明明德，在亲民，在止于至善。"其中蕴含着中华文明绵延数千年的独特价值体系，这一价值体系就是我们所要立足的大地。

所谓"德"，就是我与万物一体，与人民同心同德。与万物一体，与人民同心同德——这就是明明德，亲民，止于至善。故王阳明说，"学校以成德为事"。即教育的目的，首先就是立德树人。

蔡元培入职北大后，明确提出"守公德、严私德"，而所谓"公德"，既是教育和大学的基础，也是通向"天下为公"的世界的桥梁。古人说，格物致知，正心诚意，修身齐家治国平天下。说到治理，无非德治、法治与自治，而德治是基础。在蔡元培看来，只有抱定天下为公的宗旨，只有把"天下为公"作为"公德"，只有从修德——抱定学问为公、天下为公的宗旨，从格物致知、正心诚意出发，方能修身齐家治国平天下。

后　记

　　综论大学之道，习近平总书记深刻强调"立德树
人"。我们所说的"德"，是公德，是大德。社会主义
核心价值观就深刻体现了这种德。

　　大学与教育，乃天下之公器；大学与教育，是造就
一个公平合理进步的人生和世界的基本方式。知识不是
知识者的特权，劳动也不是劳动者的宿命，大学不是知
识分子的小圈子、"势力范围"乃至"象牙塔"。我们
必须立足中国大地，为人民做学问。

　　大学是研究学问、追求真理的地方。这就决定了：
大学必须以天下之是非为是非，必须以天下之责任为己
任，正所谓"学校乃治天下之地，而非养士之所"。

　　以天下是非为是非，公是非于天下，以天下兴亡为
己任，为人民做学问，把学问写在中国大地上，就是
往圣先贤所立之大德，也是北京大学前人所立之志向。
习近平总书记指出："广大青年对五四运动的最好纪念，
就是在党的领导下，勇做走在时代前列的奋进者、开拓
者、奉献者，以执着的信念、优良的品德、丰富的知
识、过硬的本领，同全国各族人民一道，担负起历史重
任，让五四精神放射出更加夺目的时代光芒。"

　　习近平总书记深刻指出，要实现中华民族伟大复

兴，必须推进教育改革，全国高等院校要走在教育改革前列。

我们进行教育改革的根本目标，就是使全国人民同心同德，为中华民族伟大复兴，为建设社会主义现代化强国，为构建人类命运共同体而不懈奋斗。为了实现这一目标，必须像毛泽东曾经所说的那样，把我们的国家建成一所"大学校"，"六亿神州尽舜尧"。"使一国之内，无一人不受教，无一人不知学"，在今天，就是要以习近平新时代中国特色社会主义思想武装头脑，为实现中华民族伟大复兴接续奋斗。

教育改革，乃是推动民族复兴和文明进步的着力点。当年，严复、蔡元培提出，大学是凝聚人心、改良风俗、研究高深学问的地方。同样地，也正是基于此，青年时代的毛泽东把新民学会的宗旨确定为"革新学术，砥砺品行，改良人心风俗"。

建设伟大事业，必须进行伟大斗争。这种伟大斗争，必须从改造学风、文风和作风做起。

服务中华民族伟大复兴，是大学之道的基本内涵。改造中国与世界，实现中华民族伟大复兴，是一场空前的奋斗，没有任何固定的模板、范本可以供我们仿效，我们要搞的是中国式现代化，那种把人类历史和现代化发展理解为单一模式的观点，是机械的和非历史的。

习近平总书记在视察北京大学的讲话中深刻指出："站立在960万平方公里的广袤土地上，吸吮着中华民族漫长奋斗积累的文化养分，拥有13亿中国人民聚合的磅礴之力，我们走自己的路，具有无比广阔的舞台，具有无比深厚的历史底蕴，具有无比强大的前进定力。中国人民应该有这个信心，每一个中国人都应该有这个信心。我们要虚心学习借鉴人类社会创造的一切文明成果，但我们不能数典忘祖，不能照抄照搬别国的发展模式，也绝不会接受任何外国颐指气使的说教。"

衡量我们的教育、研究、学术和学校工作的标准是：必须与我们民族、国家的历史文化相契合，必须同人民正在进行的奋斗相结合，必须面向和致力于我们需要解决的时代问题，必须与时代要解决的问题相适应。如果离开了我们要解决的时代问题，离开了我们正在进行的奋斗，离开了中国的历史文化和中国大地，离开了人民的要求和中国实际，便难以培养出真正的人才。

立德树人，是中华民族的时代价值观，人无德不立，而立足中国大地，首先就要立足中国价值观。习近平总书记深刻指出："一个民族、一个国家的核心价值观必须同这个民族、这个国家的历史文化相契合，同这个民族、这个国家的人民正在进行的奋斗相结合，同这个民族、这个国家需要解决的时代问题相适应。世界上没有两片完全相同的树叶。"

2016 年 5 月 17 日，习近平总书记在哲学社会科学工作座谈会上指出：要继承和弘扬中华优秀传统文化精华，坚持以马克思主义为指导，创新哲学社会科学，建立系统性、专业性的学科体系、学术体系、话语体系。这明确了加快构建中国特色哲学社会科学的总方针。

学习，是一个不断实践的过程。学风、文风、作风的转变，只能在工作实践中逐步产生。在郝平、龚旗煌同志率领下，在北大党委的强力支持下，由王博、于鸿君、王浦劬等同志布置实施，北京大学习近平新时代中国特色社会主义思想研究院自创立伊始，开始举办"新时代学习大家谈"（包括"新时代论坛"和"新时代青年论坛"），深入系统学习习近平新时代中国特色社会主义思想，紧密围绕时代问题，结合我们的奋斗，立足中国大地，明确学术和教学方向，通过这样的方式，推动学习习近平新时代中国特色社会主义思想不断走深走实。

论坛举办的目的，是以习近平新时代中国特色社会主义思想为指导，明确学术研究与教育改革的根本方向。而对于今天的中国来说，离开了深入研究、准确把握习近平新时代中国特色社会主义思想这个根本，就丧失了学术研究和教育改革的方向，也就谈不上学术与教育的真正繁荣与发展。

"凡一切政，皆出于学，则政与学不能分；非通群学不能成一学，非合庶政不能举一政，则某学、某政之各一门不能分。"所谓用学术讲政治，乃是因为学术与政治的共同基础是天下为公。学术是共同体，文明是有机体，共同体、有机体不能没有灵魂，只有用习近平新时代中国特色社会主义思想统领各学科，我们的学术研究才能有根有魂，才能欣欣向荣、日新月异，不断焕发出磅礴的创造力与生命力。

目前，"新时代学习大家谈"的工作已经进入新阶段。作为此项工作的服务者，借此机会，向参与论坛学习活动的专家学者、广大师生表达敬意。北京大学习近平新时代中国特色社会主义思想研究院王浦劬院长高度重视此项工作，研究院同仁孙熙国、孙蚌珠、李琦、黄宇蓝、王强对此项工作付出大量心血，尹俊、韩函岑同志特别是中央编译出版社为丛书出版做了大量工作，这是广大师生和同志们集体努力的成果。

由于水平有限，丛书还有许多不足之处，敬候广大读者批评指正，以鞭策我们继续努力。